Christian Montag

Zwischen Bildschirmen und Bäumen

Über das Spannungsverhältnis zwischen digitaler Arbeit
und unserem Grundbedürfnis
nach sozialen Beziehungen und Naturerleben

Zwischen Bildschirmen und Bäumen

Über das Spannungsverhältnis
zwischen digitaler Arbeit
und unserem Grundbedürfnis
nach sozialen Beziehungen und Naturerleben

Christian Montag

Bibliografische Information der Deutschen Nationalbibliothek: Die Deutsche Nationalbibliothek verzeichnet diese Publikation in der Deutschen Nationalbibliografie; detaillierte bibliografische Daten sind im Internet über http://dnb.dnb.de abrufbar.

ISBN: 9789464852530

Umschlaggestaltung: Christian Montag
Titelbild: Vorlage von Bookmundo
Abbildungen/Bilder im Buch von Christian Montag/privat

Verlag: Christian Montag, Gereonstraße 43-65, 50670 Köln, Deutschland
mail@christianmontag.de, www.christianmontag.de

Self-Publishing-Portal:
Bookmundo
Bookmundo ist ein Service von Mijnbestseller Nederland B.V. | Delftestraat 33 | 3013AE Rotterdam

Für David, Hannah & Susanne

Inhaltsverzeichnis

Kapitel 1: Und es hat Zoom gemacht

Im April 2020 hing ich im COVID-Lockdown. Dieselbe Erfahrung haben wahrscheinlich auch viele Leser und Leserinnen dieses Buchs gemacht. Von heute auf morgen war alles anders. Das vorher von vielen Führungskräften verpönte Home-Office wurde auf einmal salonfähig. Die Physical-Distancing-Maßnahmen der Bundesregierung zur Pandemiebekämpfung ließen Unternehmen keine andere Wahl, als Millionen von Deutsche ins Home-Office zu schicken. Wie nun aber aus dem Büro von zu Hause mit den Kollegen und Kolleginnen bei der Arbeit kommunizieren?
In meinem Beruf dominieren schon seit vielen Jahren E-Mails den Alltag. Allerdings war mein Job vor der Pandemie zusätzlich von zahlreichen Präsenz-Meetings, sei es in Lehre oder der universitären Gremienarbeit gekennzeichnet. Wie sollten diese Präsenz-Veranstaltungen nun aufgefangen werden? Schnell wurden bei uns in der Universität Videokonferenz-Applikationen wie BigBlueButton (BBB) als Kommunikationswerkzeuge eingeführt, wobei BBB dann um das Werkzeug CiscoWebex und später durch Zoom erweitert wurde. Mit anderen Worten richteten sich Millionen von Menschen blitzschnell in Deutschland und woanders auf dem Globus Videokonferenz-Werkzeuge auf ihren Rechnern ein, um persönliche Treffen – sei es in kleiner oder großer Gruppe - zum beruflichen (und teilweise privaten) Austausch zu realisieren. Das lässt sich auch in begleitenden Zahlen abbilden: Das Unternehmen Zoom Video Communications hat Zahlen veröffentlicht, aus denen hervorgeht, dass die Zahl der Zoom-Nutzenden deutlich durch die Pandemie gestiegen ist. Während im Dezember 2019 gerade mal 10 Millionen Menschen Zoom nutzten, waren es im April bereits 300 Millionen Nutzer und Nutzerinnen.[1] Damit ist das 2011

gegründete Unternehmen zehn Jahre später eines der großen Gewinnenden durch die COVID-Pandemie, die die Welt lange in Atem gehalten hat. Da ich hier keine Werbeveranstaltung für ein Produkt machen möchte, seien auch beeindruckende Zahlen vergleichbarer Produkte anderer Unternehmen genannt. Microsoft Teams verzeichnete ebenfalls einen starken Zuwachs. Während im November 2019 20 Millionen Menschen Teams nutzten, waren es im April 2020 bereits 75 Millionen.[2] In der letzten Woche des Aprils 2020 haben 100 Millionen Nutzende pro Tag auf den Service Google Meet zugegriffen.[3] Schaut man sich die Verbreitung der Videokonferenz-Tools auf der Weltkarte an, so sieht man, dass die Nordhalbkugel ziemlich fest in der Hand von Zoom ist. Südostasien und auch Brasilien werden durch Google Meet dominiert. Teams hat nur in wenigen Ländern – wie z. B. Polen – die Nase vorne.[4] Aber das sind natürlich nur Bestandsaufnahmen.

Auch wenn Zoom und andere Videokonferenz-Applikationen seit Beginn der Pandemie - aufgrund der Rückkehr von vielen Arbeitenden in die Büros der Unternehmen - vielleicht ein kleines bisschen an Bedeutung verloren haben: Videokonferenzen sind als zentrales Werkzeug nicht mehr wegzudenken und stellen für viele Menschen nach wie vor einen großen Teil ihres Berufslebens dar. Dazu passen ein paar weitere Statistiken: Das Marktvolumen für Videokonferenz-Tools wird für 2027 bereits auf über zehn Milliarden US-Dollar geschätzt.[5] Nach aktuellen

---

1 https://www.statista.com/statistics/1253972/zoom-daily-meeting-participants-global/

2 https://www.businessofapps.com/data/microsoft-teams-statistics/

3 https://en.wikipedia.org/wiki/Google_Meet

4 https://www.emailtooltester.com/en/blog/video-conferencing-market-share/

5

Schätzungen werden 70% der Amerikaner:innen im Jahr 2025 von zu Hause aus arbeiten.[6] Diese hohe Home-Office-Zahl wäre nicht möglich, wenn Menschen von zu Hause (oder man sagt „remote" – aus der Ferne) nicht auf geeignete Kommunikationswerkzeuge wie Videokonferenz-Applikationen in ihrem Arbeitsleben zugreifen könnten. Der Erfolg von Videokonferenzen im Business-Bereich wird auch mit einer weiteren Zahl untermauert: Im Jahr 2022 verzeichnete das Unternehmen Zoom Video Communications 213.000 Unternehmen als Kunden.[7] Die ungeheure Erfolgsgeschichte von Videokonferenz-Werkzeugen auch jenseits von Zoom zeigt, dass diese Applikationen anscheinend eine große Bereicherung für den beruflichen Alltag darstellen. Passend dazu gaben 75% der Befragten in einer Umfrage der Boston Consulting Group an, dass sie durch die Videokonferenzen ihre Produktivität in der Pandemie aufrechterhalten oder sogar vergrößern konnten.[8]

Auch die Zukunft der Geschäftsreise wird sich durch die Videokonferenzen deutlich verändern. Jettete so manche Managerin oder mancher Manager mal eben für ein zweistündiges Meeting von Berlin nach New York, wird sich diese Art der Geschäftsreise wohl nun reduzieren. In einer Studie des Zentrums für europäische Wirtschaftsforschung an deutschen Geschäftsreisenden ergab sich, dass wohl ein Drittel der Geschäftsreisen wegfallen werden und das natürlich positiv fürs Klima ausfallen könnte.[9] Allein der

---

https://de.statista.com/statistik/daten/studie/1225334/umfrage/videokonferenz-marktvolumen-weltweit/

[6] https://sonary.com/content/100-video-conferencing-statistics-and-facts-for-the-2022-market/

[7] https://www.businessofapps.com/data/zoom-statistics/

[8] https://www.bcg.com/publications/2020/valuable-productivity-gains-covid-19

[9]

Wegfall von Autoreisen könnte drei Millionen Tonnen CO_2 einsparen. Rechnet man den CO_2-Ausstoß für die Teilnahme an Videokonferenzen mit ein, so lohnt sich nach einer Berechnung schon bei einer fünf Kilometer weiten Anreise die Teilnahme an einer Videokonferenz.[10] Allerdings sind in dieser Rechnung wohl noch nicht Heizkosten zu Hause, etc. berücksichtigt worden.
Das klingt alles schön. Wenn das Fazit tatsächlich unterm Strich positiv zu ziehen wäre, stellt sich die Frage, ob wir nicht ab sofort alle dauerhaft im Home-Office bleiben sollten, um dort mit Hilfe von Videokonferenzen unseren Arbeitsalltag zu gestalten. Wenn ich die Frage schon so plakativ stelle, dann ist es wohl komplizierter. Denn im Umgang mit Videokonferenzen im Home-Office, aber auch am Arbeitsplatz vor Ort im Unternehmen kann es bei falscher Videokonferenz-Dosierung zu Problemen kommen. Ich selbst habe dies erlebt. Am Anfang der Pandemie war ich von der für mich auch neuen Videokonferenz-Technologie begeistert. Vorher nutzte ich Skype und andere Tools. Dies aber eher selten und auch nicht mit dem Funktionsumfang, welcher mittlerweile gang und gäbe bei den erhältlichen Videokonferenz-Tools ist. Warum war ich begeistert? Ich bin Berufspendler zwischen Köln und Ulm, und durch die plötzliche Akzeptanz von Videokonferenzen in Lehre und Forschung konnte ich meinen Job als Hochschulprofessor von nun an – zumindest in Teilen - bequem von zu Hause aus machen. Durch den Wegfall des Pendelns zur Arbeit konnte ich deswegen auch mein erstes Meeting manchmal schon vor acht Uhr ansetzen. Weiterhin fielen auch die Wege im Rahmen meiner Arbeit über den Campus in Ulm weg, d. h.

---

https://www.vcd.org/fileadmin/user_upload/Redaktion/Themen/Digitalisierung/AP3-5_Repraesentativbefragung_11-02-2021.pdf
[10] https://taz.de/Weniger-Dienstreisen-nach-der-Pandemie/!5747496/

ich konnte meine Meetings viel effizienter nacheinander legen. 8.59 Uhr aus dem einen Meeting raus, 9.00 Uhr in das nächste Meeting rein, 9.59 Uhr aus dem Meeting raus und 10.00 Uhr in das nächste Meeting rein. So kam ich an manchen Tagen auf Meetings von früh morgens bis spät abends oder in der Nacht, da meine Kooperationspartner und Kooperationspartnerinnen in den USA und China sitzen. Durch die unterschiedlichen Zeitzonen, in denen wir leben, gibt es eigentlich immer was zu tun. Außerdem empfanden die Mitarbeitenden meiner Arbeitsgruppe (und ich) es als eine gute Idee, sich abends ab und an auf ein virtuelles Feierabend-Bier über ein Videokonferenz-Tool zu treffen. Schließlich wollten wir auch ein wenig sozialen Austausch in Zeiten des „Physical Distancing" erleben.
Zwei Jahre später will ich ein ehrliches Fazit dieser Zeit für mich ziehen. Hier halte ich für mich fest, dass ich bezüglich des Umgangs mit Videokonferenzen zu Beginn der Pandemie einiges falsch gemacht habe. Auf der einen Seite war die Pandemie in meiner Arbeitsgruppe ein Produktivitätsbeschleuniger. Meine Arbeitsgruppe publiziert bis zum heutigen Tage deutlich mehr wissenschaftliche Arbeiten als vor der Pandemie. Das hat sicherlich mit der Effizienz meiner Arbeitsgruppe zu tun, vor allen Dingen, aber auch mit einem Mehr an Zeit, welches meines Erachtens durch das Wegfallen von Wegen zu Gremiensitzungen, zu Treffen mit Studierenden und mit Forschenden in der Wissenschaft zu erklären ist. An dem positiven Output meiner Arbeitsgruppe hat aber auch die Videokonferenz-Technologie einen Anteil, und ich werde mich dazu in diesem Buch in Kapitel 5 in der Geschichte über „die beiden Jo(h)ns" in meinem Leben äußern.
Auf der anderen Seite brachte mich die harte Taktung der Videokonferenzen im Home-Office über die ersten sechs Monate der Pandemie im Jahr 2020 immer weiter aus dem

Tritt. Zunehmend anstrengender empfand ich es, via Videokonferenzen Menschen zu folgen und mich zu konzentrieren. Noch schlimmer: In den meisten Videokonferenzen, an denen ich teilnahm, kam ich mit neuen To-Do-Listen raus, die es irgendwann abzuarbeiten galt. Aber wann? Parallel zu gerade stattfindenden Videokonferenzen? Dann würde ich einer Videokonferenz nur noch physisch beiwohnen und müsste eigentlich gar nicht mehr teilnehmen. Oder? Alles spät in der Nacht abzuarbeiten, stellte für mich aber auch keine Lösung dar. Ich habe schließlich auch noch eine Familie, und auf Dauer würde ich für das ungesunde Videokonferenz-Pensum keine Kraft haben. Ich fühlte mich immer mehr in einem Hamsterrad aus Videokonferenzen gefangen. Es ermüdete mich, immer mehr Videokonferenzen im Home-Office beizuwohnen. Was das für die familiäre Umgebung zu Hause bedeuten kann, zeigt eine neue Studie aus Singapur.[11] Unter Berücksichtigung der Daten von 590 Studienteilnehmenden wurde zunächst beobachtet, dass die Länge der Videokonferenz-Nutzung (hier tägliche Stunden) per se nicht mit Familien-Konflikten assoziiert ist. Sollten längere Videokonferenzen aber zu einer Müdigkeit führen (was aufgrund der Daten dieser Studie nicht unwahrscheinlich ist), stellt dies ein Problem dar, da die Videokonferenz-Müdigkeit selbst Familien-Konflikte befeuern könnte.

Ich stellte mir die Frage, ob die entstandene Belastung durch ein Zuviel an Videokonferenzen normal ist. Und ob andere Menschen auch Müdigkeit durch Videokonferenzen erfuhren? Hätte ich nicht für mich die Notbremse gezogen und mein Videokonferenz-Verhalten nach den ersten

---

[11] Li, B. J., Malviya, S., & Tandoc Jr, E. C. (2022). Videoconferencing and Work-Family Conflict: Exploring the Role of Videoconference Fatigue. *Communication Studies*, 73:5-6, 544-560.

Monaten der Pandemie geändert, wäre es mit der oben beschriebenen Produktivität hinfällig gewesen, denn man kann nur eine gewisse Zeit immer weiter Vollgas geben. In jedem Fall war durch mein eigenes Erleben mit den täglichen Videokonferenzen meine wissenschaftliche Neugierde geweckt, und ich stellte fest, dass immer mehr Forschende rund um den Globus über die „Zoom-Fatigue“[12] diskutierten. Ein zentrale Frage lautet hier, wann die Videokonferenz-Müdigkeit einsetzt und wie wir alle unseren Arbeitsalltag besser gestalten können, um einer solchen Müdigkeit vorzubauen. Von der Forschung meiner Kollegen und Kolleginnen als auch von eigenen Erkenntnissen, sei es wissenschaftlicher und privater Natur, will ich in diesem Buch berichten. Ich hoffe, dass die Einsichten auch Ihnen helfen werden, das Optimum aus den neuen, faszinierenden Videokonferenz-Tools herauszuholen und die mit der Technologie einhergehenden Schattenseiten zu vermeiden. Meine zentrale These lautet: Wenn wir Videokonferenzen sinnvoll einsetzen, machen sie uns produktiver. Eine zu hohe Videokonferenz-Taktung kann aber eine Videokonferenz-Müdigkeit auslösen, die wiederum unseren Output und unser Wohlbefinden reduziert. Darüber hinaus werde ich in den letzten Kapiteln des Buches einen größeren Rahmen spannen und mich mit der Frage beschäftigen, wieviel Home-Office gut ist und von wo aus wir in Zukunft arbeiten werden.

---

[12] Zoom ist dabei als Synonym für die vielen unterschiedlichen Videokonferenz-Tools zu verstehen, die auf dem Markt sind.

Kapitel 2: Zoom-Fatigue, was ist das überhaupt?

Hatte Klaus Lage in seinem großen Hit „1000 und eine Nacht“ aus dem Jahr 1984 prophetische Fähigkeiten? Hätten wir gedacht, dass wir tausendundeine Nacht mit Zoom verbringen und virtuell mit anderen Menschen interagieren würden? Oder dass es eines Tages über ein Videokonferenz-Tool mit dem Namen Zoom wirklich „Zoom“ machen würde? Natürlich nicht. In Klaus Lages Klassiker geht es um eine Liebesbeziehung. Wer weiß aber schon, wie viele Menschen mittlerweile über Zoom zueinander gefunden haben?

Die positiven Seiten durch Videokonferenzen sind unbestritten. Trotzdem zeigt die Wissenschaft, dass es ein Zuviel geben kann. Aber wie äußert sich das genau? Bei Sichtung der wissenschaftlichen Literatur stieß ich schnell auf eine interessante Arbeit von Géraldine Fauville.[13] Sie ist eine Wissenschaftlerin, die an der Universität Göteborg arbeitet und gemeinsam mit Kolleg:innen von der amerikanischen Universität Stanford ein erstes Messinstrument mit dem Namen „Zoom Exhaustion & Fatigue Scale“ veröffentlicht hat. Der Fragebogen von Géraldine Fauville besteht aus ein paar Aussagen, die man mit Hilfe von vorgegebenen Antwortoptionen in weniger als fünf Minuten beantworten kann. Zählt man die daraus resultierenden Punkte zusammen, gibt es einen Wert, der den eigenen Grad der Videokonferenz-Müdigkeit widerspiegelt. Je mehr Punkte, desto höher die Ausprägung der Videokonferenz-Müdigkeit. Wer den Test machen will – die

---

[13] Fauville, G., Luo, M., Queiroz, A. C., Bailenson, J. N., & Hancock, J. (2021). Zoom exhaustion & fatigue scale. *Computers in Human Behavior Reports*, *4*, 100119.

deutschsprachige Übersetzung findet sich in einem öffentlich zugänglichen Paper.[14]

Um das psychologische Konstrukt „Videokonferenz-Müdigkeit“ besser zu verstehen, gilt es aber zunächst die Komponenten des Fragebogens näher zu reflektieren. Der Fragebogen erfasst mehrere Facetten, die wir nun kennenlernen wollen: generelle Müdigkeit, visuelle Müdigkeit, soziale Müdigkeit, emotionale Müdigkeit und die motivationale Müdigkeit. Ich versuche, die unterschiedlichen Facetten anhand von kurzen Beispielen mit Leben zu füllen.

Beginnen wir mit der visuellen Müdigkeit. Ich erlebe eine solche Müdigkeit meines visuellen Systems üblicherweise nach einem langen Arbeitstag am Bildschirm. Wann tritt diese visuelle Müdigkeit bei mir ein? Die Wahrscheinlichkeit, dass mein visuelles System ermüdet, erhöht sich mit der verbrachten Zeit vor der Kiste. Für mich persönlich wurde es in der Vergangenheit besonders dann für die Augen anstrengend, wenn ich in Online-Kursen mit Studierenden per Teilen des Bildschirms statistische Zahlenkolonnen in kleiner Schriftgröße durchgehen musste. Das Thema der Augen-Müdigkeit ist natürlich auch unabhängig von Videokonferenzen bekannt und wird in der Literatur unter anderem unter den Begriffen „digital eye strain (DES)“ oder „computer vision syndrome“ erforscht. In einer neuen Übersichtsarbeit um Kirandeep Kaur berichten die Forschenden, dass zwischen 5% und 65% der Computer-Nutzenden unter angestrengten Augen im Kontext ihrer Digitalnutzung leiden.[15] Durch die Pandemie hat sich diese

[14] Montag, C., Rozgonjuk, D., Riedl, R., & Sindermann, C. (2022). On the associations between videoconference fatigue, burnout and depression including personality associations. *Journal of Affective Disorders Reports*, 100409.

[15] Kaur, K., Gurnani, B., Nayak, S., Deori, N., Kaur, S., Jethani, J., ... & Mishra, D. (2022). Digital Eye Strain - A Comprehensive

Situation noch verschlechtert. Die Forschenden fassen zusammen, dass die DES beispielsweise auf eine Prävalenz von ca. 50%-60% während der Pandemie bei Kindern anstieg. Bei der visuellen Müdigkeit kann es zu trockenen Augen kommen oder auch zu unscharfem Sehen.

Schauen wir uns nun die nächste Facette an, die die Müdigkeit durch ein Zuviel an Videokonferenzen charakterisiert: die soziale Müdigkeit. Wir Menschen sind soziale Wesen und brauchen den Austausch mit anderen. Wenn wir dauerhaft allein sind und uns die Unterstützung durch andere Menschen fehlt, kann es zu Einsamkeit kommen, welche sogar mit einer erhöhten Sterblichkeit assoziiert ist.[16] Durch eine harte Taktung an Videokonferenzen kann es aber geschehen, dass man nach den Videokonferenzen erstmal keinen Menschen mehr sehen möchte. In einer Sitzung, in der mich viele Menschen über einen langen Zeitraum ununterbrochen anstarren und ich zeitgleich anstrengende Emotionsarbeit leiste, sowohl was das Ausdrücken meiner eigenen Emotionen als auch das emotionale Verstehen der Teilnehmenden auf der anderen Seite des Bildschirms betrifft, kann es gut sein, dass ich ein wenig Zeit für mich brauche. Alleinsein heißt ja auch nicht direkt, dass man sich einsam fühlt. Nach einem Vormittag mit einigen Calls stellte ich mich manchmal ans Fenster und schaute in die Bäume, um ein wenig zu entspannen. Wenn ich dann noch einen Anruf tätigen oder mich mit anderen Menschen absprechen musste, konnte mir das schon mal schwerfallen. In der Psychologie spricht man in diesem

---

Review. *Ophthalmology and Therapy*, *11*(5), 1655-1680.

[16] Rico-Uribe, L. A., Caballero, F. F., Martín-María, N., Cabello, M., Ayuso-Mateos, J. L., & Miret, M. (2018). Association of loneliness with all-cause mortality: A meta-analysis. *PloS One*, *13*(1), e0190033.

Kontext auch gerne von der „Ego-Depletion" (Auszehrung des Ichs): Wenn man eine Zeit lang die Selbstkontrolle hochhalten muss, kostet das jede Menge Energie. Irgendwann ist einfach keine Kraft mehr da, weiteren Tätigkeiten nachzugehen, die viel an Ressourcen von uns einfordern.[17] Die Ego-Depletion hilft sicherlich auch zu verstehen, warum es nicht nur zu einem sozialen Rückzug kommt, sondern auch, warum wir generell motivational erschöpft sind, was vielleicht der sozialen Müdigkeit vorangeht. In welcher Reihenfolge die unterschiedlichen Facetten der Videokonferenz-Müdigkeit entstehen, ist aufgrund der aktuellen Literatur allerdings noch unklar.

Nun zu weiteren Aspekten der Videokonferenz-Müdigkeit: Im Kern der motivationalen Fatigue steht, dass man nach Videokonferenzen so erschöpft ist, dass man eigentlich gar nichts mehr machen möchte. Dies stellt ein Problem dar, wenn man vielleicht am Vormittag zwei Videokonferenzen hinter sich gebracht hat und damit noch die Hälfte des Arbeitstages vor einem steht. Zusätzlich haben sich während der Videokonferenzen neue „to dos" ergeben, die es nun zu erledigen gilt, damit der Berg an zu verrichtenden Tätigkeiten nicht noch weiter ansteigt!

Die letzte Facette der Videokonferenz-Müdigkeit, die mit der „Zoom Exhaustion & Fatigue Scale" erfasst wird, zielt auf die emotionale Erschöpfung ab. Mit anderen Worten wären die Folgen von einem Zuviel an Videokonferenzen nicht nur für das visuelle System sowie motivational und sozial abträglich, sondern können auch dazu führen, dass die

---

[17] Baumeister, R. F., & Vohs, K. D. (2007). Self-Regulation, ego depletion, and motivation. *Social and Personality Psychology Compass*, *1*(1), 115-128.

Arbeitenden in schlechtere Stimmung geraten. Es geht gerade einfach emotional nicht mehr.
Beim Lesen haben Sie sich vielleicht mit der ein oder anderen Facette besser als mit anderen Facetten identifizieren können, während Sie Ihre letzten Videokonferenzen und ihre Folgen vor dem inneren Auge haben Revue passieren lassen. Tatsächlich werden die unterschiedlichen Facetten der Videokonferenz-Müdigkeit auch nicht gleich häufig berichtet. Dafür habe ich anhand eines eigenen Datensatzes eine statistische Analyse vorgenommen, um zu untersuchen, welche Facetten der Videokonferenz-Müdigkeit bei den deutschsprachigen Studienteilnehmenden besonders stark ausgeprägt gewesen sind. In der vorliegenden Stichprobe wurde die emotionale und motivationale Müdigkeit nach Videokonferenzen am ehesten berichtet, die visuelle und soziale Fatigue dagegen am seltensten. In Abbildung 01 ist zu sehen, dass die Antwortmuster zwischen „1 = überhaupt nicht" und „5 = extrem" reichen konnten.[18] Damit zeigt sich in den Daten, dass die untersuchten Personen durchschnittlich etwas mehr als „ein wenig Belastung" mit Hinblick auf die Komponenten der Videokonferenz-Müdigkeit berichteten.
Glücklicherweise scheint sich die Videokonferenz-Müdigkeit in dieser deutschsprachigen Stichprobe im Rahmen zu halten, obwohl diese für manche Personen durchaus stark ausgeprägt sein kann (wer das besonders ist sehen wir in einem weiteren Kapitel). Ist damit Entwarnung gegeben? Zunächst handelt es sich bei der deutschsprachigen Stichprobe nicht um eine repräsentative Stichprobe. Von daher ist eine Abschätzung über das genaue Ausmaß der Videokonferenz-Müdigkeit aufgrund dieser Daten nicht möglich. Wir schauen uns deswegen für eine bessere Schätzung gleich weitere Studien

[18] Wenige Items wurden anders beantwortet. Aus Einfachheitsgründen wird dies hier aber nicht dargestellt.

aus unterschiedlichen Teilen der Welt an. Ich will an dieser Stelle lediglich einen Punkt machen, der durch die Daten klar wird: die Facetten der Videokonferenz-Müdigkeit müssen nicht alle gleich stark ausgeprägt sein.

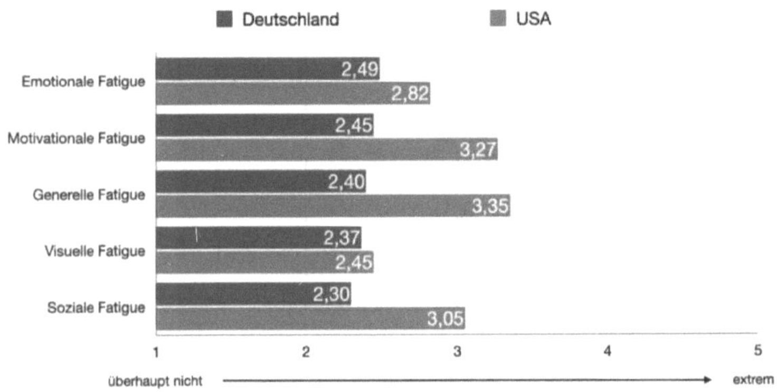

Abbildung 01: Ausprägungen der Videokonferenz-Müdigkeit in einer eigenen deutschsprachigen Stichprobe und einer englischsprachigen Stichprobe von Fauville et al.[19]; die US-Stichprobe bestand aus 2724 Teilnehmenden. Davon waren 66% Frauen, 32% Männer, 0,7% divers und 1,2% machten hier keine Angabe. Das durchschnittliche Alter lag bei 38 Jahren (Standardabweichung: 10,9). Die deutschsprachige Stichprobe bestand aus 532 Personen mit 196 Männern und 336 Frauen. Das mittlere Alter lag bei 37,95 (Standardabweichung: 14,38).

Und das zeigt sich auch mit Vergleichsdaten aus einer Arbeit von Fauville und Kolleg:innen (Daten aus Tabelle 6 der Originalarbeit).[19] Hier wurden mit einem durchschnittlichen Wert von 2,99 höhere Belastungen in den USA berichtet als in der vorliegenden Stichprobe (2,40 - wenn man den Mittelwert von allen 15 Items nimmt). Die Ausprägungen der Facetten der Videokonferenz-Müdigkeit sind für diese US-Stichprobe im Vergleich zu der deutschsprachigen Stichprobe in Abbildung 01 dargestellt.

---

[19] Fauville, G., Luo, M., Queiroz, A. C., Bailenson, J. N., & Hancock, J. (2021). Zoom exhaustion & fatigue scale. *Computers in Human Behavior Reports*, *4*, 100119.

Schauen wir uns zur besseren Einordnung weitere Befunde aus der Literatur an: In einer Stichprobe mit Krankenschwestern in der Ausbildung waren die Mittelwerte noch höher (3,82), so dass neben kulturellen Aspekten auch die Zugehörigkeit zu bestimmten Berufsgruppen eine Rolle spielen kann.[20] Eine neue Stichprobe aus Brasilien berichtete dagegen, niedrigere durchschnittliche Werte (2,12).[21] In einer türkischen Stichprobe werden erneut deutlich höhere Werte erzielt (3,26).[22] Nimmt man die vorläufige Studienlage zusammen, so zeichnet sich ab, dass die Videokonferenz-Müdigkeit in unterschiedlichen Stichproben unterschiedlich stark ausgeprägt ist. Selbst in der gezeigten deutschsprachigen Stichprobe in Abbildung 01 mit geringeren Ausprägungen gibt es durchaus Menschen, die hohe Werte erreichen.

Es zeigt sich also zusammenfassend durch die Studienlage, dass die Videokonferenz-Müdigkeit für einige Menschen besonders ausgeprägt existiert. Wir wollen nun wissen, wer für eine solche Videokonferenz-Müdigkeit besonders anfällig ist. Bevor wir aber Personengruppen ausfindig machen, die besonders unter einer Videokonferenz-Müdigkeit leiden, möchte ich zunächst vorstellen, was mögliche Gründe dafür

---

[20] Oducado, R. M. F., Fajardo, M. T. R., Parreño-Lachica, G. M., Maniago, J. D., Villanueva, P. M. B., Dequilla, M. A. C. V., ... & Robite, E. E. (2022). Is videoconference "Zoom" fatigue real among nursing students?. *Journal of Loss and Trauma*, *27*(5), 490-492.

[21] Muller Queiroz, A. C., Nascimento, A., Fauville, G., Luo, M., Meirelles, F., Plank, D. N., ... & Hancock, J. (2021). Tradução, validação e aplicação da Escala ZEF (ZEF Scale) para avaliação da Fadiga Zoom na população brasileira (Translation, Validation and Application of the ZEF Scale to Assess Zoom Fatigue in the Brazilian Population). *Available at SSRN 3844219*.

[22] Akduman, G. (2021). ZOOM YORGUNLUĞU ÖLÇEĞİNİN TÜRKÇE UYARLAMASI: GEÇERLİK VE GÜVENİLİRLİK ÇALIŞMASI. *İş'te Davranış Dergisi*, *6*(1), 16-28.

sind, dass bei Menschen generell eine Videokonferenz-Müdigkeit entstehen kann. Dafür schauen wir uns mehrere Theorien in Kapitel 3 an.

Kapitel 3: Warum erleben Menschen eine Videokonferenz-Müdigkeit?

Als ich die Videokonferenz-Plattform Zoom aufmache, sind meine Kollegen und Kolleginnen noch nicht im virtuellen Raum anwesend. Ich sehe mich selbst wie im Spiegel. Es starrt mich ein mittelalter Mann an, der eine Brille trägt und schon deutlich graue Haare hat. Die letzten fünfzehn Jahre in der Wissenschaft sind nicht spurlos an mir vorbeigegangen. Ich bin ordentlich gealtert. Was will man machen? Ich suche meinen Ausgleich durch ausreichend Bewegung, könnte mich aber auch gesünder ernähren.

Während ich meinen Gedanken nachhänge, tut sich etwas im virtuellen Raum. Eine zweite schwarze Kachel öffnet sich, mein Bild wird kleiner, und ich sehe auf einmal meinen Gesprächspartner übergroß vor mir auf dem Bildschirm. Eine Minute später ist der Raum gut gefüllt mit zehn offenen Kacheln. Ich schaue, wer alles da ist. Immer wieder fällt aber mein Blick auf mein eigenes Selbstbildnis. Wie wirke ich wohl gerade auf andere Menschen? Beurteilen mich die Teilnehmenden an der Videokonferenz? Schon sind wir mitten bei einer Erklärung der Videokonferenz-Müdigkeit angekommen und sprechen über das Konzept der „Mirror Anxiety". Oder auf deutsch: „Spiegel-Angst". Der amerikanische Psychologe Jeremy N. Bailenson[23] trug die Spiegel-Angst als mögliche Quelle der Ermüdung vor. Und das Ganze klingt für mich plausibel. Im normalen Alltagsgespräch in Präsenz sehe ich mich selbst nur mit wenigen Ausnahmen direkt im Spiegel. Beispielsweise kann dies geschehen, wenn ich mit jemanden spreche und hinter

---

[23] Bailenson, J. N. (2021). Nonverbal overload: A theoretical argument for the causes of Zoom fatigue. *Technology, Mind, and Behavior*, *2*(1), 1-6.

dieser Person eine Glaswand ist, in der ich mich reflektiere. Üblicherweise spreche ich aber mit Jemanden in Präsenz, ohne mich dabei zu sehen. Ich erahne höchstens, wie ich beim Gegenüber ankomme, in dem ich die Reaktionen auf meine Person durch Mimik und Gestik auf der Gegenseite zu erspüren versuche. Während ich nun aber online irgendwo meine eigene Kachel mit meinem Konterfei sehe, werden kognitive Ressourcen abgezogen, die ich eigentlich auf das Gespräch mit einem Kollegen oder einer Kollegin verwenden möchte. Das ständige Selbstmonitoring kann dann bei der ein oder anderen Person auch in einer Unzufriedenheit mit dem eigenen Äußeren resultieren. Wenig überraschend wird deswegen in der Literatur auch von der *Facial Appearance Dissatisfaction* gesprochen[24], also der Unzufriedenheit mit dem eigenen Gesicht. Forschung aus einem angrenzenden Bereich hilft das Phänomen der *Facial Appearance Dissatisfaction* besser zu verstehen. Eine Studie aus China[25] untersucht den Zusammenhang zwischen dem Betrachten von Selfies und der (Un-)Zufriedenheit mit dem eigenen Äußeren. Die Studienteilnehmenden, die besonders häufig Selfies von sich selbst anschauten, gaben auch an, mehr Unzufriedenheit mit ihrem Gesicht zu erleben. Der positive Zusammenhang zwischen dem häufigen Betrachten von Selfies und der Unzufriedenheit mit dem eigenen Gesicht konnte in dieser Arbeit durch den Vergleich der eigenen Äußerlichkeiten mit den Erscheinungen anderer Personen statistisch erklärt werden.

---

[24] Ratan, R., Miller, D. B., & Bailenson, J. N. (2022). Facial appearance dissatisfaction explains differences in zoom fatigue. *Cyberpsychology, Behavior, and Social Networking*, *25*(2), 124-129.

[25] Yang, J., Fardouly, J., Wang, Y., & Shi, W. (2020). Selfie-viewing and facial dissatisfaction among emerging adults: A moderated mediation model of appearance comparisons and self-objectification. *International Journal of Environmental Research and Public Health*, *17*(2), 672.

Die Unzufriedenheit mit dem eigenen Äußeren ist aber nur eine der Theorien, die vorgetragen wurde, um die Videokonferenz-Müdigkeit zu verstehen. Ein zweite interessante Theorie, die das neuartige Phänomen „Zoom-Fatigue" erklärbar machen soll, verbirgt sich hinter dem Begriff des *Hyper-Gaze*. Frei übersetzt kann das so viel heißen, wie „hypermäßig angestarrt werden". Um das Konzept anschaulich zu illustrieren, reisen wir gedanklich in die vorpandemische Zeit und denken über unsere damalige Meeting-Kultur nach. Mehr oder weniger Personen saßen in einem Sitzungsraum und gingen gemeinsam eine Agenda durch. Um in den Raum in einem höher gelegenen Stockwerk zu kommen, mussten wir zunächst den Aufzug nehmen.

Der Aufzug im Erdgeschoss geht auf, und es befindet sich bereits eine Person in dem Aufzug. Wie verhalten wir uns dieser Situation? Zunächst grüßen wir uns vielleicht freundlich, bleiben bei Fremden aber möglichst auf Abstand. Das hat auch etwas mit unserem Bedürfnis nach der Erhaltung eines persönlichen Wohlfühlraums zu tun. Eine Arbeit, die den persönlichem Raum mit einem experimentellen Ansatz vermaß, kam zu interessanten Einsichten.[26] Zum einen zeigte sich, dass der persönliche Raum einen (eher) kreisrunden Bereich um uns herum annimmt und der Radius ca. einem Meter entspricht. Zum anderen zeigte sich, dass Männer untereinander mehr Abstand halten als dies Frauen oder Frauen und Männer untereinander tun. Wie ist es nun um den persönlichen Raum in den Videokonferenzen bestellt? Na ja, geht so. Vielleicht haben Sie auch schon mal das Gefühl gehabt, dass manche Teilnehmende an den Videokonferenzen so nah am

---

[26] Hecht, H., Welsch, R., Viehoff, J., & Longo, M. R. (2019). The shape of personal space. *Acta Psychologica*, *193*, 113-122.

Bildschirm dranklebten, dass Sie das Gefühl hatten, diese Person gleich bei sich auf dem Schoß sitzen zu haben …
Wir kehren nun aber zu unserer Aufzugstory zurück. Der Aufzug öffnet sich und nacheinander verlassen die Mitfahrenden den Aufzug. Auf geht es in den Meetingraum! Wie sich herausstellt, hat die fremde Person in dem Aufzug den gleichen Weg wie Sie. Es geht ins gleiche Meeting. Freundlich schauen wir uns an, sagen kurz Hallo und tauschen sonst noch ein paar Belanglosigkeiten aus, um das Eis unter Fremden zu brechen. Wir nehmen in dem Meeting-Raum Platz. Das Treffen beginnt, die Teilnehmenden werden kurz vorgestellt und die Agenda wird für heute bestimmt. Während des Treffens in Präsenz folgen wir alle dem oder der Vortragenden. Während wir miteinander diskutieren, schauen wir uns kurz in die Augen, um dann den Blick wieder wegschweifen zu lassen. In diesem Blick-Rhythmus geht es hin und her. Blicksuche, dann wieder Blick abwenden. Es wäre schlichtweg unhöflich, jemanden die ganze Zeit anzustarren. Das tolerieren wir bei Kindern, weil sie es noch nicht besser wissen. Bei den Videokonferenzen erleben wir meines Erachtens aufgrund des Hyper-Gaze auch eine Verletzung sozialer Normen. Dort haben wir nicht nur häufig die Situation, dass uns viele Menschen fast durch den Bildschirm entgegenkriechen und so gefühlt unsere persönlich benötigte Distanz missachten. Nein, zusätzlich haben wir das Gefühl, dass wir andauernd von vielen Menschen ohne Unterbrechung zeitgleich angestarrt werden. Sehr anstrengend.
Neben der bereits diskutierten Spiegel-Angst und dem Hyper-Gaze gibt es weitere Erklärungen für die Ermüdung durch Videokonferenzen. Kommen wir damit zu der dritten Erklärung, die als Ermüdungsquelle die Bewegungs**un**freiheit in den Fokus rückt. Momentan mal, Bewegungsunfreiheit? Ich sitze doch in meinem gemütlichen Home-Office-Stuhl

und gestikuliere wild durch die Gegend, während ich einen kurzen Pitch per Videokonferenz zum Besten gebe. Nun das mag für einen so wirken, dass wir in dem Szenario Bewegungsfreiheit haben. Tatsächlich – so die Theorie - passen wir uns aber unterbewusst mit unserem Verhalten an die Größe der Kachel bzw. des Bildschirms an. Wir sind darum bemüht, im Berufsleben vom Gegenüber gesehen werden zu können. Mit anderen Worten: Ich sitze vor meinem Rechner und nehme durch das eigene Spiegelbild war, wo ich im Bild zu finden bin. D. h. ich achte nicht nur darauf, wie ich optisch bei den anderen ankomme, sondern auch, wie ich im Gesamtbild auf dem Bildschirm zu sehen bin. Sieht man mich schön mittig oder bin ich oben abgeschnitten? Beim Gestikulieren fahre ich vielleicht meine Arme nicht ganz so weit aus, so dass ich auf kleinerem Raum immer noch ganzheitlich von dem oder der Gegenüber wahrgenommen werden kann. Das mit der „ganzheitlichen Wahrnehmung“ von Personen ist bei der Videokonferenz meines Erachtens auch ein Märchen. Natürlich wird durch den Video-Call deutlich mehr an Informationen vermittelt als in einer E-Mail, wo man emotionale Informationen häufig durch Emoticons transportieren muss. Im Video-Call sehe ich die Person immerhin mit ihrem emotionalen Ausdruck im Gesicht und höre den Tonfall der Stimme. Aber ist das „the real thing“? Begeben wir uns zur Beantwortung dieser Frage zurück in den Sitzungsraum: Vor Ort, also physisch gemeinsam anwesend in einem Raum, können wir unsere Gesprächspartner und Gesprächspartnerinnen von oben bis unten mustern und nicht nur deren Mimik und Gestik betrachten, sondern sogar die Körperhaltung oder den Gang während einer Präsentation mit ins Kalkül ziehen. Dies soll ein wenig wissenschaftlich untermauert werden. Wenden wir uns zunächst der natürlichen Geschwindigkeit beim Gehen zu.

Die Geschwindigkeit beim Gehen ist mittlerweile als einfaches Gesundheitsmaß bekannt. In einer Studie mit älteren Heimbewohnern und Heimbewohnerinnen wurde gemessen, dass diese ca. 0,60 – 1,45 Meter pro Sekunde in einem Geh-Szenario zurücklegten, wobei laut der Studie ca. 1,2 Meter pro Sekunde gebraucht würden, um eine Standardkreuzung zu überqueren.[27] Nun ist der Gang nicht nur ein Gesundheitsmaß, sondern gibt auch Einblick in Persönlichkeitseigenschaften von Menschen. In einer Arbeit um Antonio Terracciano[28] zeigte sich, dass Menschen mit schnellerem natürlichen Gang zeitgleich ein wenig mehr offener für Erfahrungen, mehr gewissenhaft und mehr extravertiert im Selbstbericht waren. Das zugrunde liegende Persönlichkeitsmodell werde ich kurz in Kapitel 4 erläutern. Für den Moment ist hier nur von Bedeutung, dass es sogar statistisch gesehen Zusammenhänge zwischen der Geschwindigkeit beim Gehen und unserer Persönlichkeit gibt. Die Zusammenhänge sind allerdings sehr klein, und ich will diese nicht überinterpretieren. Zudem sieht man bei einer Konferenz in Präsenz in der Regel nur die vortragende Person ab und zu in gehendem Modus. Trotzdem gelingt es uns, beim physischen Treffen mehr von den Personen um uns herum mitzubekommen als in einem virtuellen Setting. Denn: Wir registrieren sogar sitzend im Raum deutlich mehr von unseren Gesprächspartnern und Gesprächspartnerinnen als in einer Videokonferenz. Während wir zwar Stimme, Mimik und Teile der Gestik physikalisch vor Ort als auch während der Videokonferenz wahrnehmen können, so ist es schwierig,

[27] Hornyak, V., VanSwearingen, J. M., & Brach, J. S. (2012). Measurement of gait speed. *Topics in Geriatric Rehabilitation*, *28*(1), 27-32.

[28] Terracciano, A., Schrack, J. A., Sutin, A. R., Chan, W., Simonsick, E. M., & Ferrucci, L. (2013). Personality, metabolic rate and aerobic capacity. *PloS One*, *8*(1), e54746.

die Körperhaltung komplett einzuschätzen. Aus der psychiatrischen Forschung ist bekannt, dass beispielsweise Depressionspatient:innen nicht nur zu einem langsameren Gang neigen, sondern auch eine vermehrt eingesunkene Körperhaltung zeigen.[29] Ein langsamerer Gang scheint ebenso für Menschen zu gelten, die gerade in einer traurigen Stimmung sind. Die traurige Stimmung wurde in einer Studie über Körperhaltung durch traurige Musik induziert.[30] Damit ist klar, dass uns die Körperhaltung einer Person im Präsenz-Meeting etwas über die aktuellen emotionalen Schwingungen des Gegenübers verraten kann – und zwar jenseits von dem Extrembeispiel einer Depression. Wenn wir über Videokonferenzen kommunizieren, scheint es uns dagegen schwerer zu fallen, viele non-verbalen Signale unserer Gesprächspartner und Gesprächspartnerinnen verarbeiten zu können. Dies gilt besonders dann, wenn wir zeitgleich in die Gesichter von zahlreichen Personen starren. Es ist schwierig, die gesendeten Informationen von vielen Personen in einer Videokonferenz zum selben Zeitpunkt zu überwachen. Damit aber nicht genug. Manche von uns bemühen sich möglicherweise ebenfalls in den Videokonferenzen darum, die eigene Mimik und Gestik besonders zu betonen, um von den Teilnehmenden hinter den anderen Bildschirmen in der Videokonferenz besser verstanden zu werden. Das ist auf Dauer auch Kräfte zehrend. Nicht umsonst spricht man passend dazu in Berufen mit viel Publikumsverkehr von den Anstrengungen der Emotionsarbeit, die einiges an Saft ziehen

---

[29] Feldman, R., Schreiber, S., Pick, C. G., & Been, E. (2020). Gait, balance and posture in major mental illnesses: depression, anxiety and schizophrenia. *Austin Medical Sciences*, *5*(1), 1-6.

[30] Michalak, J., Troje, N. F., Fischer, J., Vollmar, P., Heidenreich, T., & Schulte, D. (2009). Embodiment of sadness and depression—gait patterns associated with dysphoric mood. *Psychosomatic Medicine*, *71*(5), 580-587.

kann. Ein besonderes Beispiel sind hier Arbeitende in Hotels, Banken und Call-Centern, die auch bei schwieriger Kundschaft immer sehr freundlich bleiben müssen.[31] Emotionsarbeit ist meines Erachtens auch bei den Videokonferenzen ein relevantes Thema.

Jetzt kennen Sie also einige Theorien für die Videokonferenz-Müdigkeit, die im Wesentlichen von Jeremy N. Bailenson vorgestellt worden sind. Halten sich diese Erklärungen aber, wenn man sich die Studienlage anschaut? Zunächst möchte ich festhalten, dass das Phänomen der Videokonferenz-Müdigkeit noch sehr neu ist und von daher in den nächsten Jahren einige empirische Studien benötigt werden, um die vorgestellten Theorien auf ihre Tragfähigkeit zu überprüfen. So schlagen Nicola Döring und Kolleg:innen vor, jenseits der Erklärungen von Jeremy N. Bailenson vier Einflussgrößen systematisch in der zukünftigen Forschung zu berücksichtigen.[32] Das wären einmal persönliche Vulnerabilitäts- und Resilienzfaktoren, mit denen ich mich mehr im nächsten Kapitel 4 auseinandersetzen werde. Darüber hinaus führt die Arbeitsgruppe organisationale Faktoren auf, worunter auch das Timing und die Häufigkeit der Videokonferenzen fallen können. In Kapitel 5 werde ich aus einem eigenen Datensatz berichten, wie diese Variablen mit der Videokonferenz-Müdigkeit assoziiert sind. Weiterhin werden in der Arbeit um Nicola Döring als Ermüdungsfaktoren technologische Variablen eingeführt wie die Qualität der Tonübertragung sowie Faktoren, die die direkte Umgebung betreffen. Darunter fällt auch der Kontext,

---

[31] Zapf, D., Seifert, C., Schmutte, B., Mertini, H., & Holz, M. (2001). Emotion work and job stressors and their effects on burnout. *Psychology & Health*, *16*(5), 527-545.

[32] Döring, N., Moor, K. D., Fiedler, M., Schoenenberg, K., & Raake, A. (2022). Videoconference fatigue: A conceptual analysis. *International Journal of Environmental Research and Public Health*, *19*(4), 2061.

in welchem die Videokonferenz stattfindet. Findet die Videokonferenz beispielsweise von zu Hause aus statt und ich habe kein eigenes Arbeitszimmer, muss ich vielleicht meiner Rolle als Vater bei der Kinderbetreuung und der Aufgabe als Mitarbeitender in einem Unternehmen gleichzeitig gerecht werden. Dies alles gilt es systematisch zu erforschen.
Es bleibt aber bereits jetzt festzuhalten, dass in einer Studie um Géraldine Fauville tatsächlich Belege dafür erbracht werden konnten, dass sowohl die Spiegel-Angst, der Hyper-Gaze, das physikalische Gefangensein durch die Vorgaben der Bildschirmgröße sowie die Anstrengungen beim Verarbeiten non-verbaler Hinweisreize alle mit einer erhöhten Videokonferenz-Müdigkeit assoziiert sind.[33] Nun denn: Spieglein, Spieglein an der Wand …

Exkurs

Es gibt eine weitere Theorie, die hilfreich ist, um nicht nur zu verstehen, wie die Videokonferenz-Müdigkeit entsteht, sondern auch, warum manche Menschen überhaupt Videokonferenz-Werkzeuge im Alltag einsetzen und warum das andere Menschen nicht tun. In einer Studie[34] mit mehr als 1000 Studienteilnehmenden um meinen Kollegen Benjamin Junting Li von der Nanyang Technological University in Singapur wurde das so genannte „Technology Acceptance

---

[33] Fauville, G., Luo, M., Muller Queiroz, A. C., Bailenson, J. N., & Hancock, J. (2021). Nonverbal mechanisms predict zoom fatigue and explain why women experience higher levels than men. *Available at SSRN 3820035.*

[34] Li, B. J., Lee, E. W., Goh, Z. H., & Tandoc Jr, E. (2022). From frequency to fatigue: Exploring the influence of videoconference use on videoconference fatigue in Singapore. *Computers in Human Behavior Reports*, *7*, 100214.

Model (TAM)“ aus der Technologie-Nutzungsforschung von Fred D. Davis[35] untersucht (siehe Abbildung 02).

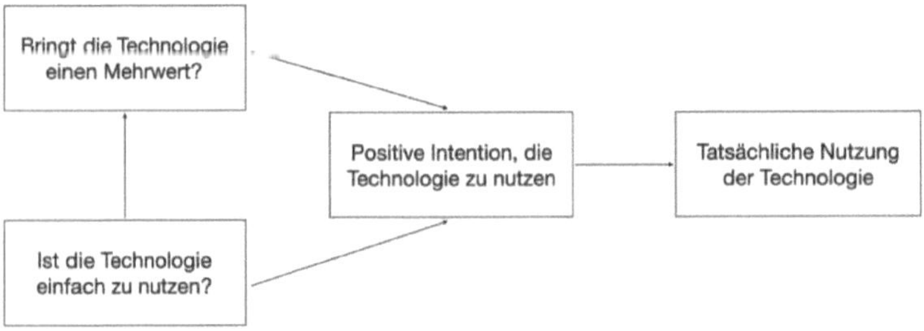

Abbildung 02: Eine Variante des Technologie-Akzeptanz-Modells, was ursprünglich auf Fred D. Davis[35] zurückgeht.

Dieses Modell sagt in aller Einfachheit, dass Menschen dann wiederkehrend eine Technologie nutzen, wenn sie zunächst den Eindruck haben, dass die Technologie einfach in der Handhabung ist. Die einfache Handhabung führt dann häufig dazu, dass die Technologie auch als nutzenbringend angesehen wird (Mehrwert!), was wiederum zu einer erhöhten Intention der Nutzung und schließlich zu einer tatsächlichen Nutzung der Technologie führen kann.

Dieses Modell wird gerne eingesetzt, um vorherzusagen, ob Menschen neuartige Technologie in ihrem Alltag einsetzen. Beispielsweise kann man das Modell anwenden, um zu verstehen, warum Menschen ein Smartphone nutzen.[36]

Da Videokonferenzen eine nach wie vor eher neue Technologie in unserem Alltag darstellen, fragt man sich, ob das TAM-Modell auch hier Anwendung findet. Und dem ist

[35] Davis, F. D. (1989). Perceived usefulness, perceived ease of use, and user acceptance of information technology. *MIS Quarterly*, 319-340.

[36] Sindermann, C., Riedl, R., Elhai, J. D., & Montag, C. (2021). Linking the technology acceptance model to smartphone use and smartphone use disorder tendencies: results from a survey study. *Digital Psychology*, *2*(1), 6-18.

so! In den Daten der Studie aus Singapur zeigte sich, dass Personen, die den Eindruck hatten, dass Videokonferenz-Applikationen einfach zu nutzen sind, die Videokonferenz-Applikationen auch als eher nützlich wahrnahmen, was wiederum die Häufigkeit der Nutzung dieser Applikationen erhöhte.[37] Ich habe die Zusammenhänge für ein besseres Verständnis in Abbildung 03 dargestellt. Wie man im direkten Vergleich beider Abbildungen 02 und 03 sieht, ist das TAM in etwas abgewandelter Form in der Studie aus Singapur untersucht worden.

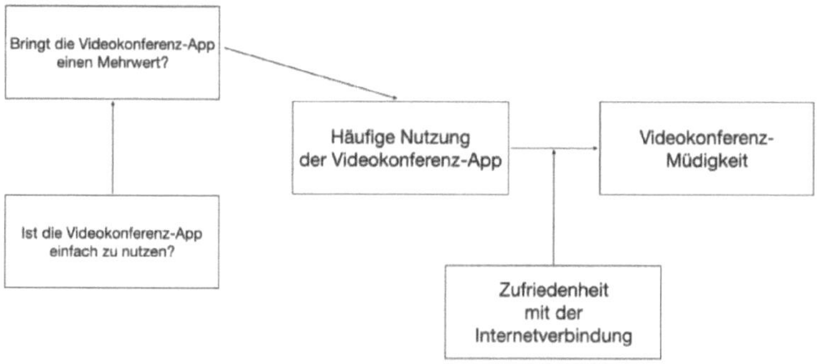

Abbildung 03: Die Ergebnisse einer Studie[34] um Benjamin Li Junting, in der das Technologie-Akzeptanz-Modell im Kontext der Nutzung von Videokonferenz-Applikationen und der Videokonferenz-Müdigkeit erforscht worden ist.

Wenig überraschend zeigte sich in der Studie um Benjamin Junting Li ein positiver Zusammenhang zwischen der Häufigkeit der Videokonferenz-Applikation-Nutzung und der Videokonferenz-Müdigkeit, wobei dieser Zusammenhang von der Zufriedenheit mit der Stabilität der eigenen Internetverbindung „moderiert" wurde: Bei Personen mit niedriger Videokonferenz-Frequenz konnte eine stabile

[37] Eine Limitation: Die Studie ist querschnittlicher Natur und man muss vorsichtig mit der Interpretation der Wirkrichtungen sein.

Internetverbindung der Videokonferenz-Müdigkeit vorbauen, bei hoch frequenter Nutzung von Videokonferenz-Applikationen scheint das aber basierend auf den hier vorgelegten Daten nicht mehr zu helfen.

So trivial die Erkenntnis der Studie wirken mag, die Herausforderungen durch Videokonferenzen - wie das Entschlüsseln non-verbaler Hinweisreize bei der Kommunikation - werden natürlich durch eine schlechte Online-Verbindung noch erhöht. Wenn die Videokonferenz aufgrund einer schlechten Verbindung dauernd stockt, bekommen wir nicht nur weniger des Gesagten, sondern auch weniger von den non-verbalen Informationen mit. Ein weiterer Grund, warum wir am Standort Deutschland in Punkto Stabilität des Internets noch deutlich mehr Gas geben müssen. Dies gilt besonders, wenn wir von mobil unterwegs sind. Häufig ist die Verbindung dann instabil, und wir haben schlechte Karten, wenn wir uns in eine Videokonferenz einloggen möchten. Wer kennt das nicht: die Suche nach dem nicht vorhandenen Online-Signal.

Kapitel 4: Wer ist besonders anfällig für die Videokonferenz-Müdigkeit?

Nun haben wir also eine Ahnung, welche Faktoren dazu beitragen können, durch ein Zuviel an Videokonferenzen Ermüdungserscheinungen zu verspüren. Nochmal zusammengefasst sind das die Spiegel-Angst, der Hyper-Gaze sowie der vermehrte Aufwand beim Verarbeiten non-verbaler Hinweisreize in Form von Gestik und Mimik unserer Gesprächspartner und Gesprächspartnerinnen. Weiterhin haben wir den eingeschränkten Bewegungsradius während der Videokonferenzen als möglichen Grund für die Videokonferenz-Müdigkeit kennengelernt.

In diesem Kapitel wollen wir nun einen Schritt weitergehen und verstehen, wer besonders anfällig für die Videokonferenz-Müdigkeit ist. Die Erklärungen für die Videokonferenz-Müdigkeit suggerierten für manchen Leser oder manche Leserin vielleicht, dass die dargestellten Mechanismen auf alle Menschen zugleich zutreffen. Möglicherweise haben Sie aber beim Lesen für sich selbst festgestellt, dass die eine Erklärung mehr für Sie passt als eine andere. Hier sprechen wir in der Psychologie von differentiellen Effekten oder wie der Kölner in mir sagt: jeder Jeck is‘ anders.

In der Literatur wurden sowohl Variablen wie Alter und Geschlecht, aber auch die Persönlichkeit von Menschen im Kontext der Videokonferenz-Müdigkeit untersucht. Dabei zeigte sich unter anderem in der Studie um Géraldine Fauville und Kolleg:innen[38] als auch in einer eigenen Studie[39]

[38] Fauville, G., Luo, M., Muller Queiroz, A. C., Bailenson, J. N., & Hancock, J. (2021). Nonverbal mechanisms predict zoom fatigue and explain why women experience higher levels than men. *Available at SSRN 3820035.*

ein relativ einheitliches Bild. Jüngeres Alter ging mit etwas mehr Videokonferenz-Müdigkeit einher. Genauso berichteten Frauen im Durchschnitt in mehreren Studien höhere Videokonferenz-Müdigkeit als Männer. Das möchte ich versuchen einzuordnen.
Der Zusammenhang zwischen Alter und Videokonferenz-Müdigkeit in der beschriebenen Richtung kam für mich auf den ersten Blick überraschend. Ich hätte erwartet, dass junge Menschen mehr Ressourcen haben, um mit den stressigen Anforderungen des Berufsalltags umzugehen. Vor diesem Hintergrund hätte ich erwartet, dass in den Stichproben eher ältere Menschen von mehr Videokonferenz-Müdigkeit berichtet hätten. Wie ist der überraschende Effekt zu erläutern? Eine mögliche Erklärung liegt darin, dass jüngere Menschen eventuell mehr Videokonferenzen nachgehen und deswegen belasteter sind als ältere Menschen. Ich habe mir das in einem eigenen Datensatz angeschaut. Es zeigte sich hier aber nicht, dass jüngere Menschen mehr Videokonferenzen pro Tag absolvierten. Dagegen ging ein jüngeres Alter aber mit längeren Videokonferenzsitzungen einher ($r_{s\ (rho)} = -.18$). Zusätzlich gaben jüngere Menschen an, dass eher mehr Personen bei den Videokonferenzen teilnahmen ($r_{s\ (rho)} = -.32$). Für diejenigen Leser und Leserinnen, die mit statistischen Zusammenhangsmaßen vertraut sind, habe ich zur Einschätzung die Effektstärken in Klammern dargestellt, die zwischen klein und moderat schwanken. Damit hätten wir zwei Faktoren identifiziert, die in dem vorliegenden Datensatz ein Stück weit erklären

[39] Montag, C., Rozgonjuk, D., Riedl, R., & Sindermann, C. (2022). On the associations between videoconference fatigue, burnout and depression including personality associations. *Journal of Affective Disorders Reports*, 100409.

könnten, warum eine jüngeres Alter mit etwas mehr Belastungen durch Videokonferenzen assoziiert ist.
Neben dem Alter zeigte sich in mehreren Arbeiten robust, dass Frauen durchschnittlich mehr Videokonferenz-Müdigkeit berichteten als Männer. Mittlerweile ist klar, dass eine der bereits benannten Theorien aus dem letzten Kapitel eine Erklärung für die Unterschiede zwischen den beiden Geschlechtern bietet. Es ist die Spiegel-Angst, von der Frauen im Durchschnitt mehr als Männer berichteten, betroffen zu sein. Direkt dazu: In einer wissenschaftlichen Arbeit von Rabindra Ratan und ihren zwei Kollegen wurden mehr als 600 Studienteilnehmende untersucht.[40] Hier zeigte sich, dass die Videokonferenz-Müdigkeit bei Frauen 14,9% stärker ausgeprägt war als bei Männern. Wenn man den Daten folgen möchte, sind Frauen im Durchschnitt eher von einer Spiegel-Angst als Männer betroffen. Sie scheinen sich also mehr damit zu beschäftigen, wie sie von anderen Videokonferenz-Teilnehmer:innen mit Hinblick auf ihr Äußeres wahrgenommen werden. An dieser Stelle möchte ich darauf hinweisen, dass wir uns vorschnell vor Verallgemeinerungen hüten sollten. Es handelt sich um Statistiken, die natürlich nicht auf jeden oder jede einzelne Person zutreffen.
Auch wenn mehrere Studien Unterschiede in der Videokonferenz-Müdigkeit zwischen Frauen und Männern berichtet haben, so hat die genannte Studie aus Singapur im letzten Kapitel diesen Befund interessanterweise nicht beobachten können. Benjamin Junting Li und Kollegen spekulieren in ihrer Arbeit darüber, dass die Spiegel-Angst möglicherweise eher ein westliches Phänomen sein könnte.[41]

---

[40] Ratan, R., Miller, D. B., & Bailenson, J. N. (2022). Facial appearance dissatisfaction explains differences in zoom fatigue. *Cyberpsychology, Behavior, and Social Networking*, *25*(2), 124-129.
[41] Li, B. J., Lee, E. W., Goh, Z. H., & Tandoc Jr, E. (2022). From

Deswegen ist es sehr wichtig, in der psychologischen Forschung Studien weltweit durchzuführen. Zu lange war die psychologische Forschung durch das WEIRD-Problem gekennzeichnet. „Weird“ heißt in der englischen Sprache so viel wie merkwürdig/sonderbar, und das durchaus passende Akronym wurde von dem Anthropologen Joseph Henrich[42] ins Leben gerufen, um darauf hinzuweisen, dass die Stichproben in der psychologischen und angrenzenden Forschung häufig einen westlichen (western), gebildeten (educated), industrialisierten (industrialized), reichen (rich) und demokratischen (democratic) Hintergrund haben. Dadurch ist es fraglich, inwieweit Studienergebnisse mit so genannten WEIRD-Teilnehmer:innen tatsächlich auf Menschen überall auf der Welt übertragen werden können.

Neben Faktoren wie Alter und Geschlecht weisen zwei weitere Studien darauf hin[43,44], dass auch die Persönlichkeit der Studienteilnehmenden von Bedeutung sein kann, um zu verstehen, wer besonders anfällig für das Erleben einer Videokonferenz-Müdigkeit ist. Dabei wurden in den Studien die Großen Fünf der Persönlichkeit (kurz Big Five) untersucht. Ich habe in meinen vergangenen Büchern[45,46]

---

frequency to fatigue: Exploring the influence of videoconference use on videoconference fatigue in Singapore. *Computers in Human Behavior Reports*, *7*, 100214.

[42] Henrich, J. (2020). *The WEIRDest people in the world: How the West became psychologically peculiar and particularly prosperous*. Penguin UK.

[43] Fauville, G., Luo, M., Muller Queiroz, A. C., Bailenson, J. N., & Hancock, J. (2021). Nonverbal mechanisms predict zoom fatigue and explain why women experience higher levels than men. *Available at SSRN 3820035*.

[44] Montag, C., Rozgonjuk, D., Riedl, R., & Sindermann, C. (2022). On the associations between videoconference fatigue, burnout and depression including personality associations. *Journal of Affective Disorders Reports*, 100409.

ausführlich über die Big Five berichtet und möchte eine Einführung deswegen an dieser Stelle kurzhalten. Zunächst beschreibt Persönlichkeit relativ zeitstabile Eigenschaften einer Person. Das heißt, Menschen, die sich heute als eher extravertiert beschreiben, werden dies wahrscheinlich in ähnlicher Weise in wenigen Jahren tun. Die Big Five der Persönlichkeit beruhen auf einem lexikalischen Ansatz und eine kurze Geschichte der Wissenschaft zu den Big Five findet sich in einem Übersichtsartikel.[47] Die Idee hinter den Big Five ist, dass wir unsere Sprache nutzen, um uns selbst als auch andere zu beschreiben. Bei der Analyse der menschlichen Sprache mit Hinblick auf Worte, die wir nutzen, um uns und andere zu charakterisieren, beobachtete man, dass bestimmte Wortkombinationen häufiger zusammen bei der Beschreibung von Personen berichtet wurden.

Im Detail: Eine extravertierte Person lässt sich dadurch beschreiben, dass sie eher gesellig, durchsetzungsstark und lebendig ist. Solche Sprachanalysen führten durch eine statistische Zusammenfassung von Wortclustern zu den Big Five, die man mit dem Akronym OCEAN beschreiben kann. Folgt man dem Modell, kann man Menschen global auf den Dimensionen *Openness to Experience* (Offenheit für Erfahrung), *Conscientiousness* (Gewissenhaftigkeit), *Extraversion* (Extraversion), *Agreeableness* (Verträglichkeit) und *Neuroticism* (Neurotizismus) beschreiben. Es handelt sich hier nicht um Typologien, sondern um Dimensionen. D.

---

[45] Montag, C. (2016). *Persönlichkeit–Auf der Suche nach unserer Individualität*. Springer-Verlag.

[46] Montag, C. (2021). Du gehörst uns. *Die psychologischen Strategien von Facebook, TikTok, Snapchat & Co-und wie wir uns vor der großen Manipulation schützen. München: Blessing*.

[47] Montag, C., & Elhai, J. D. (2019). A new agenda for personality psychology in the digital age?. *Personality and Individual Differences*, *147*, 128-134.

h. eine Person kann dazu neigen, auf all den genannten Dimensionen vielleicht ein wenig mehr in die eine oder andere Richtung zu tendieren. Manche sind aber vielleicht auch genau zwischen einem Pol wie Neurotizismus vs. emotionale Stabilität zu finden.

In den genannten Studien über Persönlichkeit und Videokonferenz-Müdigkeit wurde beobachtet, dass neurotischere Personen dazu neigten, vermehrt von der Videokonferenz-Müdigkeit zu berichten. Dies macht vor dem Hintergrund der Literatur Sinn: es ist bekannt, dass neurotische Menschen eher zu negativem Affekt wie Ängstlichkeit und zu Grübeleien neigen. Besonders neurotische Personen erkranken in ihrem Leben auch etwas wahrscheinlicher an einer Depressions- oder Angsterkrankung.[48]

In einer eigenen Studie[49] konnten wir aber nicht nur den Zusammenhang zwischen Neurotizismus und Videokonferenz-Müdigkeit aus der Studie von Géraldine Fauville replizieren, sondern meiner Kenntnis nach zum ersten Mal positive Zusammenhänge zwischen der Videokonferenz-Müdigkeit und Tendenzen zur Depression und dem Burnout herstellen. Mit anderen Worten: Studienteilnehmende, die von erhöhten Videokonferenz-Müdigkeitswerten berichteten, gaben auch eher höhere Depressions- und Burnout-Tendenzen an. Während die Depression eine anerkannte Erkrankung ist, gibt es die Burnout-Diagnose offiziell nicht. Das hat unter anderem damit zu tun, dass depressive Tendenzen und Tendenzen zum

---

[48] Lahey, B. B. (2009). Public health significance of neuroticism. *American Psychologist*, *64*(4), 241-256.

[49] Montag, C., Rozgonjuk, D., Riedl, R., & Sindermann, C. (2022). On the associations between videoconference fatigue, burnout and depression including personality associations. *Journal of Affective Disorders Reports*, 100409.

Burnout in der Regel deutlich überlappen[50] und manche argumentieren, dass Burnout eine verkappte Depression ist. Beim Burnout handelt es sich aber klar um ein arbeitsbezogenes Störungsbild, welches sich in Zynismus gegenüber dem eigenen Job, emotionaler Erschöpfung und Produktivitätsverlusten äußert. Die Depression geht unter anderem mit Traurigkeit und Antriebslosigkeit einher.[51]

Dadurch, dass in unserer Studie die Variablen Burnout, Depression und Videokonferenz-Müdigkeit nur zu einem Zeitpunkt erfasst worden sind, bleibt leider unklar, wie die Wirkrichtung zwischen den Variablen genau aussieht. Führt beispielsweise eine Tendenz zum Burnout eher zu einer Videokonferenz-Müdigkeit oder ist es andersherum? In letzterem Szenario würden dauernde Videokonferenzen und die daraus resultierende Müdigkeit zu einem Burnout führen können. Die genaue Wirkrichtung werden zukünftige Studien zeigen müssen, die unter anderem auf eine längsschnittliche Betrachtung der Variablen fokussieren.

In unserer Datenmodellierung konnten wir nicht nur sehen, dass Personen mit Tendenzen zum Neurotizismus höhere Depressions-/Burnout-Tendenzen berichteten, sondern dass dieser Zusammenhang durch die Videokonferenz-Müdigkeit vermittelt („mediiert") wurde (siehe Abbildung 04).

Natürlich könnte man diese Variablen aber auch anders gruppieren. Wie gesagt, unsere Studie ist querschnittlicher Natur, und von daher können an dieser Stelle keine weiteren

---

[50] Plieger, T., Melchers, M., Montag, C., Meermann, R., & Reuter, M. (2015). Life stress as potential risk factor for depression and burnout. *Burnout Research*, *2*(1), 19-24.

[51] Montag, C., Sanwald, S., Widenhorn-Müller, K., GenEmo Research Group, & Kiefer, M. (2022). Investigating primary emotional systems and the Big Five of Personality including their relations in patients with major depression and healthy control persons. *Neuropsychoanalysis*, *24*(2), 149-158.

Aussagen über die tatsächlichen Wirkrichtungen gemacht werden. Grundsätzlich halte ich aber beide Wirkrichtungen für plausibel: nämlich einerseits das belastete Menschen mit Depression/Burnout eher Müdigkeit von Videokonferenz erfahren oder das dauernde Videokonferenzen auch etwas zum Burnout beisteuern können. Vielleicht wird es genauso sein, dass beide Wirkrichtungen existieren.

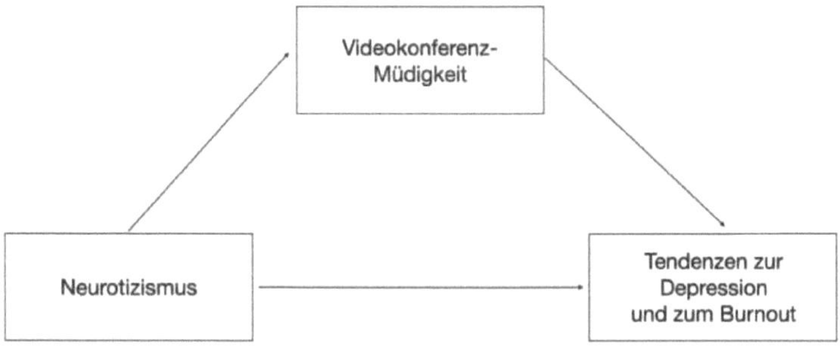

Abbildung 04: Eine mögliche Erklärung der Wirkrichtung zwischen den Variablen Neurotizismus, Videokonferenz-Müdigkeit und Tendenzen zur Depression und zum Burnout (bis jetzt ist dies aber nur eine Vermutung)[49]

Um die Videokonferenz-Müdigkeit und deren mögliche Zusammenhänge mit Tendenzen zum Burnout- und der Depression besser zu verstehen, aber auch generell, um die Natur dieser neuartigen Fatigue besser zu charakterisieren, wird es wichtig sein, auf Forschung zu bauen, die auch in ihrem Studiendesign die Neurobiologie des Menschen mitberücksichtigt. Bildgebende Verfahren des Gehirns wie die Magnetresonanztomographie können helfen, Zusammenhänge zwischen Hirnstruktur und Hirnfunktion und unterschiedlich erlebten Graden der Videokonferenz-Müdigkeit herzustellen.

Eine aktuelle Arbeit von Microsoft[52] hat mit Hilfe der Elektroenzephalographie (EEG) untersucht, wie sich eine

Meeting-Kultur ohne ausreichende Pausen auf die Hirnaktivität auswirkt. Diejenigen, die in der Studie zwischen mehreren Meetings keine Unterbrechungen machen durften, zeigten verstärkte Ausprägungen von so genannten beta-Wellen in dem aufgezeichneten EEG-Signal. Das „Human Factors Lab" von Microsoft interpretierte die Daten dahingehend, dass die Personen mit Meetings ohne Pausen deutlich gestresster waren. Die Studie ist allerdings mit 14 Teilnehmenden sehr klein, und ich möchte die Ergebnisse deswegen nicht überbetonen. Für den Moment gilt festzuhalten, dass das Thema Videokonferenz-Müdigkeit neurobiologisch so gut wie noch gar nicht erforscht ist. Damit tut sich meiner Meinung eine wichtiges Forschungsfeld für die Hirnforschung auf.

---

[52] https://www.microsoft.com/en-us/worklab/work-trend-index/brain-research

Kapitel 5: Zwei Jo(h)ns in der Pandemie oder wie sieht ein gesunder Umgang mit Videokonferenzen aus?

Die schwarze Kachel lüftet sich auf meinem Bildschirm. Ich führe ein Gespräch mit einer Person, die ich noch nie persönlich getroffen habe. Ein ca. Mitte fünfzig Jahre alter Mann mit weißem Bart schaut mich freundlich und ein wenig neugierig an. Er spricht mit deutlich hörbarem englischsprachigem Dialekt. Es handelt sich um den Fotografen John Wright aus London, der für seine Fotografien von Bruce Springsteen, Liam Gallagher, Lady Gaga und anderen Promis, in den letzten Jahren aber auch durch seine Kunstfotografie bekannt geworden ist. John ist in Schottland geboren und bezeichnet sich auf Twitter unter anderem als Taoist, Buddhist und Stoiker. Sein vielleicht berühmtestes künstlerisches Werk heißt „He's not here" und zeigt das Bild einer Affäre, die gerade auffliegt. Sie sitzt einen Telefonhörer haltend auf dem Bett, und anscheinend hat die Frau des Mannes Wind von der Affäre bekommen. Er steht am Fenster und schaut vorsichtig durch einen kleinen Spalt zwischen den Vorhängen aus dem Fenster raus. Es könnte ungemütlich werden.

In den Bildern von John Wright habe ich schnell eine psychologische Komponente gespürt, die mich inhaltlich und ästhetisch angesprochen hat. Ich las mehr über seine Arbeit, die er in seinem Blog auf der Webseite veröffentlichte und beschloss, ihn per Kaltakquise für ein Online-Projekt zu gewinnen. Meine Idee war, eine Art Online-Ausstellung mit seinen Bildern zu starten, bei denen die Besucher und Besucherinnen ihre emotionalen Reaktionen auf die Bilder von John Wright teilen. Weiterhin werden in dem Projekt, was wir TSOA oder The Science of Art nennen, auch

ästhetische Erfahrungen und zahlreiche weitere Variablen erfasst, die für uns eine mögliche Rolle bei der Erfahrung von Kunst im virtuellen Raum spielen.
Unser erster Zoom-Call wurde zu einem direkten Erfolg. Ich hatte die Möglichkeit, John meine Idee der genannten Plattform zu illustrieren und das, ohne nach London fahren zu müssen. Weiterhin konnten wir über die Möglichkeit der Videokonferenz besser als in einer E-Mail feststellen, ob wir miteinander arbeiten wollen. Wenn zwei Menschen ein Projekt planen, geht es im Idealfall nicht nur zu schauen, ob die Expertisen zusammenpassen, sondern vor allen Dingen darum festzustellen, ob man gewillt ist, mit der anderen Person längere Zeit gemeinsam zu verbringen. Dafür muss die Chemie stimmen.
Wir haben über viele Online-Meetings unsere Idee reifen lassen, die Plattform schließlich entworfen, und nun kann diese von den Lesenden gerne besucht werden: www.thescienceof.art. Ich finde erstaunlich, dass es mir die Videokonferenz-Technologie ermöglicht hat, ein Projekt mit einer Person durchzuführen, die viele hunderte Kilometer entfernt lebt und mit der ich noch nie in meinem Leben zuvor Kontakt hatte. Leider haben John und ich uns bis zum heutigen Tage noch nicht in Präsenz getroffen, werden das aber hoffentlich nachholen.
Jetzt könnte ich das Beispiel als „Lucky Punch“ abtun und sagen, dass diese Art der Kollaboration via Videokonferenz nur selten zu Stande kommt. Da trat der zweite John in mein Leben, diesmal aber ein Jon ohne h (eigentlich Jonathan). Über Videokonferenz-Werkzeuge konnte ich die Kooperation mit einem Wissenschaftler der Universität Toledo nachhaltig etablieren. Wir lernten uns zunächst lose per Mail kennen, als ich ihn einlud, ein Kapitel für ein wissenschaftliches Buch über *Digital Phenotyping and Mobile Sensing*[53] zu schreiben,

welches sich mit digitalen Fußabdrücken beschäftigte. Über die Pandemie hinweg nutzten wir dann aber vor allen Dingen Facetime, um über unsere Forschung und über Dinge jenseits unserer Forschung zu kommunizieren. Unsere Kooperation via Facetime & Co. resultierte so nicht nur in zahlreichen gemeinsamen Fachpublikationen: Mit Hilfe der Videokonferenz-Werkzeuge ist sogar ein freundschaftliches Verhältnis entstanden und das zunächst ohne jegliches persönliches Treffen in Präsenz. Mittlerweile hat mich Jon in Deutschland besucht, und wir arbeiten an den nächsten Projekten.

Ich habe über die beiden Episoden aus meinem Leben berichtet, da sie meines Erachtens das Potential von Videokonferenzen illustrieren. Die Meetings, die ich mit beiden Jo(h)ns regelmäßig hatte und habe, finden zumeist in größeren Abständen statt. Wir hören uns in der Regel nicht mehr als einmal im Monat, und dann haben wir immer was Spannendes zu berichten. Die Dosis der Videokonferenz-Treffen stimmt also für uns. Weiterhin treffen wir uns in der Regel nur zweit. D. h. das Treffen hat fast denselben persönlichen Charakter wie in Präsenz, aber mit den Abstrichen, die in einem früheren Kapitel benannt wurden. Vor allen Dingen führt das Online-Meeting unter vier Augen aber nicht dazu, dass ich kognitiv überlastet bin. Schließlich muss ich mich nicht auf zehn Personen gleichzeitig einstimmen, die mich gefühlt alle anstarren. Das alles ermöglicht eine privatere und weniger anstrengende Form der Kommunikation. Mir ist aber auch klar, dass diese Online-Meetings unter vier Augen nicht für alle Arten der Videokonferenz-Meetings charakteristisch sein können, noch sinnvoll sind. Ich selbst habe Vorlesungen per Zoom

[53] Baumeister, H., & Montag, C. (2019). *Digital phenotyping and mobile sensing*. Basel: Springer International Publishing.

gemacht, wo es im Wesentlichen darum ging, dass ich zu 150 Personen gleichzeitig gesprochen habe. Für mich war das meistens eine sehr öde Sache, gegen 150 Kacheln anzusprechen, wobei sich nur ein paar wenige Personen dazu bereit erklärten, sich zu zeigen. Gerade wenn es im Nachgang an einen Vortrag um die Diskussion mit Teilnehmenden geht, sind die schwarzen Kacheln in meiner Vorlesung nicht gesprächsfördernd gewesen.
Über die Pandemie hinweg habe ich im Kontext meiner Vorlesung statt der Videokonferenz die asynchrone Lehre schätzen gelernt, in der ich meine Vorlesung in kleine Videosequenzen aufgeteilt habe, die die Studierenden selbst in der eigenen Lerngeschwindigkeit durcharbeiten konnten. Darüber hinaus gab es für die Studierenden die Möglichkeit, Fragen in einem Forum zu stellen, die ich regelmäßig beantwortete.
Genug aber über die eigenen Erfahrungen mit den Videokonferenzen. Lassen wir nun ein wenig die Empirie sprechen, um zu verstehen, wie ein gesunder Umgang mit Videokonferenzen aussieht. Anders gesagt, geht es im Folgenden darum, herauszuarbeiten, wie man die Schattenseiten der Videokonferenzen vermeidet.
Zunächst sprach ich in diesem Kapitel darüber, dass Videokonferenzen mit einer einzelnen Person von mir als weniger anstrengend empfunden worden sind als mit vielen Teilnehmenden.
Diese Beobachtung wird meines Erachtens durch folgende Analysen untermauert: In einem eigenen Datensatz konnte ich einen linearen Trend ausmachen, der darauf hindeutet, dass Personen, die durchschnittlich mit mehr Teilnehmenden in einer Videokonferenz konfrontiert wurden, von mehr Videokonferenz-Müdigkeit berichteten als Personen, die durchschnittlich mit weniger Teilnehmenden in der Online-Konferenz zu tun hatten (siehe auch Abbildung 05; genauere

Angaben zu der deutschsprachigen Stichprobe habe ich bereits unter Abbildung 01 gemacht).

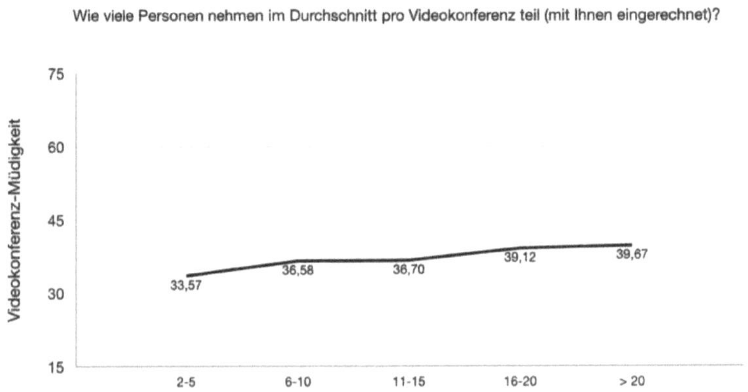

Abbildung 05: Über den Zusammenhang zwischen Videokonferenz-Müdigkeit und Anzahl an Teilnehmer:innen pro Videokonferenz

Ebenfalls geben die Daten erste Erkenntnisse über die Ausprägungen der Videokonferenz-Müdigkeit, wenn man diese im Kontext der Länge der Videokonferenzen und Pausen zwischen den Meetings untersucht. Im Folgenden werden Abbildungen 06 und 07 im Fokus stehen.

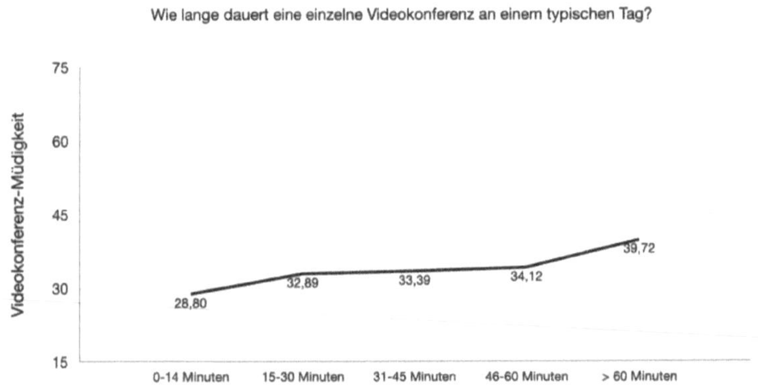

Abbildung 06: Über den Zusammenhang zwischen Videokonferenz-Müdigkeit und Länge der typisch erlebten Videokonferenzen

Zunächst sieht man in Abbildung 06 das lange Videokonferenzen (> 60 Minuten) mit deutlich mehr Videokonferenz-Müdigkeit assoziiert sind. Weiterhin zeigt sich zumindest deskriptiv, dass in der Kürze die Würze liegt. Eine sehr kurze Meeting-Kultur mit typischen Treffen bis zu < 15 Minuten sind mit der geringsten Videokonferenz-Müdigkeit assoziiert (siehe Abbildung 06).
Nicht nur kurze Meetings, sondern auch ausreichend Pausen erscheinen mir wichtig, um die Videokonferenz-Müdigkeit zu reduzieren. In Abbildung 07 zeigt sich deutlich, dass längere Pausen zwischen den Online-Treffen mit geringerer Videokonferenz-Müdigkeit assoziiert sind. Besonders zuträglich scheinen Pausen länger als 45 Minuten zwischen den Videokonferenzen zu sein. Man sieht in der Abbildung 07, wie die Videokonferenz-Müdigkeit bei dieser Zeitangabe am deutlichsten sinkt.

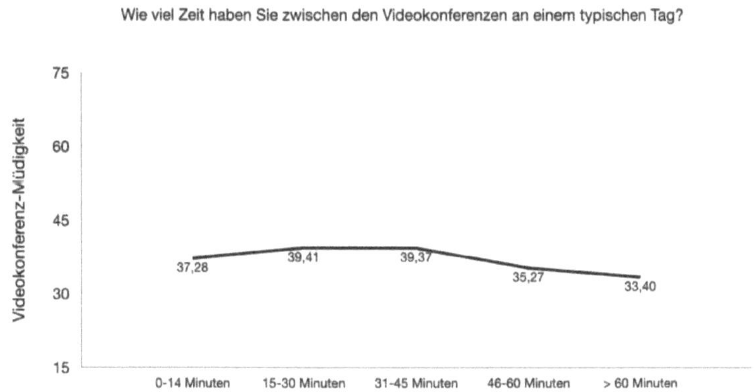

Abbildung 07: Über den Zusammenhang zwischen Videokonferenz-Müdigkeit und Länge der Pausen zwischen den Videokonferenzen

Jenseits eigener Daten zeigt die wissenschaftliche Literatur weitere interessante Erkenntnisse auf, die dabei helfen könnten, die Videokonferenz-Müdigkeit in den Griff zu bekommen. In einer Studie um Kristen M. Shockley von der Universität Georgia in den USA wurde beobachtet[54], dass das

Ausmachen der Kamera während der Videokonferenzen mit einer geringeren Müdigkeit assoziiert gewesen ist. Besonders profitierten zwei Gruppen von dieser Intervention. Frauen zeigten durchschnittlich eine stärker reduzierte Videokonferenz-Müdigkeit als Männer, wenn die Kamera bei den Meetings ausblieb. Dies ist wahrscheinlich auf die reduzierte Spiegel-Angst zurückzuführen, wenn die Kamera ausbleibt, die bei Frauen im Durchschnitt stärker ausgeprägt ist als bei Männern. Nun entspricht es in manchen Settings nicht dem guten Ton, die eigene Videokamera einfach auszuschalten. Zukünftige Studien müssen deswegen untersuchen, ob ähnliche Ergebnisse auch zu beobachten sind, wenn die Intervention etwas modifiziert wird: Was passiert, wenn lediglich die Selbstansicht ausgemacht wird, die anderen Teilnehmenden mich aber weiterhin sehen können.

Wer profitierte jenseits der weiblichen Teilnehmerinnen besonders von der Intervention, die Kamera während der Videokonferenz auszumachen? Dies waren Personen, die noch keine lange Zugehörigkeit zu der Organisation hatten, für die sie arbeiteten. Dieser Personenkreis ist möglicherweise auch besonders stark von der Spiegel-Angst betroffen, da sich diese Personen vielleicht noch besonders unter Beobachtung durch die neue Arbeitsumgebung fühlen.
Jenseits der Intervention, die Kamera auszuschalten, wurde von Andrew A. Bennett und Kolleginnen vorgetragen, dass die richtige Uhrzeit der Videokonferenzen eine Rolle spielen könnte, um die Müdigkeit durch Videokonferenzen zu

---

[54] Shockley, K. M., Gabriel, A. S., Robertson, D., Rosen, C. C., Chawla, N., Ganster, M. L., & Ezerins, M. E. (2021). The fatiguing effects of camera use in virtual meetings: A within-person field experiment. *Journal of Applied Psychology*, *106*(8), 1137-1155.

reduzieren. Besonders früh am Arbeitstag könnten die Videokonferenzen weniger ermüdend wirken, aber dies bedarf weiterer Forschung.[55] Der letzte Tipp ergibt sich aus einer Arbeit um Jiaqi Li.[56] Die Forschenden argumentieren, dass die Gallery-Ansicht als mehr ermüdend wirken könnte als die Speaker-Ansicht. Bei der Gallery-Ansicht sieht man alle Teilnehmenden gleichzeitig (bei sehr großen Gruppen kann sich diese Ansicht über mehrere hintereinander liegende Fenster verteilen). Bei der Speaker-Ansicht sieht man nur die aktuell sprechende Person. Einfach mal ausprobieren, ob die Speaker-Ansicht Ihnen eine Hilfe ist.

---

[55] Bennett, A. A., Campion, E. D., Keeler, K. R., & Keener, S. K. (2021). Videoconference fatigue? Exploring changes in fatigue after videoconference meetings during COVID-19. *Journal of Applied Psychology*, *106*(3), 330-344.

[56] Li, J., Lamers, M. H., & Riedl, R. (2022). Fewer Faces Displayed Simultaneously, Less Videoconference Fatigue in Distance Learning? An Experimental Study. https://aisel.aisnet.org/icis2022/learning_iscurricula/learning_iscurricula/2/

Kapitel 6: Das Home-Office-Paradoxon und über Wohlbefinden im heimischen Büro

Nach kurzem Austausch von E-Mails beschließen wir, einen Call via Teams zu machen. Thorsten Wehner (Vice President Public Relations) von NFON hat die Idee, eine Studie zum Thema Wohlbefinden im Home-Office während der Pandemie durchzuführen und fragt mich per Mail, ob ich Interesse hätte, die Studie wissenschaftlich zu begleiten. Zu Thorsten, der gerne mit t+ seine Mails unterschreibt, hatte ich zuvor noch keinen persönlichen Kontakt, und in einem ersten Online-Treffen wollen wir eine Zusammenarbeit ausloten. Es ist schon hilfreich, sich kurz per Videokonferenz kennenzulernen, bevor man gemeinsam über eine Zusammenarbeit entscheidet.

Ich logge mich also in Teams sein und warte, bis sich wieder mal die schwarze Kachel lüftet. Thorsten sitzt in München und arbeitet für NFON. Während ich im vorpandemischen Zeitalter sicher einen Abstecher nach München gemacht hätte, um vor Ort mit Thorsten über die Zusammenarbeit zu sinnieren, treffen wir uns nun via Videokonferenz-Tool. Thorsten schaut mich durch sein großes, schwarzes Woody-Allen-Brillengestell an und macht direkt einen Witz. Ich weiß nicht mehr, was er sagte, um das Eis zu brechen, aber das Lachen von Thorsten hängt noch jetzt in meinen Ohren. In jedem Fall stellten wir schnell fest, dass die Chemie zwischen uns stimmt. Wir begannen, die Studie zu planen, die mittlerweile als Wohlfühlreport Homeoffice 22[57] in vielen Ländern durch die Presse gegeistert ist.

In dem Wohlfühlreport ging es nicht darum, sich auf das Thema Videokonferenzen im Home-Office zu fokussieren,

[57] https://www.nfon.com/de/news/wohlfuehlreport-homeoffice-2022

sondern das Thema breiter anzugehen. Die Videokonferenzen per Zoom, Teams & Co., wenn auch zentral in der Arbeitswelt vieler Menschen, stellt nur einen von vielen Aspekten unserer neuen Office-Kultur dar. Ich werde gleich im Detail auf einige Erkenntnisse des Wohlfühlreport Homeoffice 22 eingehen.

Bereits an dieser Stelle möchte ich voranstellen, dass ich sowohl aufgrund der Ergebnisse der besagten Studie als auch aufgrund meiner eigenen Erfahrungen davon überzeugt bin, dass wir das Rad nicht in vorpandemische Zeiten zurückdrehen sollten, indem wir alle Arbeitenden dauerhaft zurück in die Büros der Unternehmen oder Ministerien schicken. Es gibt einfach zu viele Vorteile für viele von uns, die durch das Arbeiten im Home-Office entstanden sind. Diese Vorteile wollen Arbeitende zu Recht nicht mehr missen. Ich bin allerdings genauso davon überzeugt, dass das Arbeiten am „alten" Arbeitsplatz in den Unternehmen ebenfalls wichtig für viele von uns ist, gerade wenn es darum geht, den sozialen Kleister in Gruppen anzurühren und den Flurfunk mitzubekommen. Mit anderen Worten hat die Arbeit von zu Hause als auch von den Büros der Unternehmen aus Vor- und Nachteile. Bevor ich im nächsten Kapitel im Detail darüber nachdenke, von *wo* aus wir in Zukunft arbeiten, möchte ich nach drei Jahren Pandemie eine Bestandsaufnahme machen: Wie ist es vielen von uns im Home-Office ergangen? Zur Beantwortung der Frage hilft es, die Ergebnisse des Wohlfühlreports mit über 8000 Teilnehmenden aus acht europäischen Ländern anzuschauen.

Zunächst wollten wir in der Studie von den Studienteilnehmenden wissen, wie stark gestresst sie durchschnittlich im Home-Office seit Beginn der Pandemie bis zum Erhebungszeitpunkt der Studiendaten (im ersten Halbjahr 2022) gewesen sind. Hier gibt es eine gute Nachricht. Im Durchschnitt berichteten die

Studienteilnehmenden von eher geringen Stresserfahrungen. Das bedeutet aber im Umkehrschluss natürlich nicht, dass es keine gestressten Menschen im Home-Office gegeben hat. Ein genauerer Blick auf die Daten ist hier interessant. Fast über alle Länder hinweg zeigte sich, dass jüngere Menschen von mehr Stress im Home-Office berichteten als ältere Menschen. Eine mögliche Erklärung dafür ist, dass ältere Menschen sich besser im Home-Office ausbreiten konnten. Kurzum, sie hatten aufgrund größerer Wohnungen oder Häuser schlichtweg mehr Platz für die Arbeit im Home-Office. Zusätzlich waren jüngere Menschen in unserer Datenerhebung auch eher in der Rolle der Erzieher:innen gefangen. Hier galt es dann auf weniger Quadratmetern – häufig ohne eigenes Arbeitszimmer – nicht nur den Job zu stemmen, sondern auch die Rolle des Vaters oder der Mutter zu übernehmen. Vergessen wir zudem nicht, dass während der Pandemie immer mal wieder die Kindertagesstätten geschlossen gewesen sind oder Home-Schooling-Maßnahmen die Arbeitsplanung der Erziehenden durcheinandergewirbelt hat.

Wie wichtig es ist, sich räumlich abschirmen zu können, spiegelt sich auch in illustren Ergebnissen des Wohlfühlreports wider. Diejenigen, die regelmäßig auf dem Balkon, Badezimmer oder Toilette/Gäste-WC, ihrer Home-Office-Tätigkeit nachgehen mussten (zum Glück nur sehr wenige: 1,2%), gaben eher an, besonders gestresst zu sein. Aufgrund des querschnittlichen Charakters der Studie kann natürlich keine Kausalität zwischen den Variablen herausgearbeitet werden. Waren die Leute gestresster, weil sie auf dem Balkon arbeiteten, oder ist es andersherum? Suchten mehr gestresste Menschen eher den Balkon als Arbeitsplatz? Vielleicht um frische Luft zu bekommen?

Ich denke trotzdem, dass das Bad oder der Balkon auf Dauer kein guter Arbeitsplatz ist. Die Ergebnisse des

Wohlfühlreports untermauern, dass die Wohnverhältnisse vieler Menschen nicht wirklich das Arbeiten von zu Hause in sinnvoller Art und Weise ermöglichen: Ist der häufigste Arbeitsort im Home-Office - nämlich das Wohnzimmer (35,7%) – wirklich ein guter Arbeitsplatz? Besonders schwierig wird es, wenn man einen solchen Raum mit den eigenen Kindern zur selben Zeit teilt.
Versucht man jenseits der individuellen Arbeitsörtlichkeiten zu verstehen, welche Faktoren besonders das Wohlbefinden im Home-Office reduzierten, ist es interessant zu hören, was für Angaben im Wohlfühlreport gemacht worden sind. Wir gaben in der Studie mehrere mögliche Stressoren zur Auswahl vor, und die Studienteilnehmenden konnten Mehrfachantworten geben, mit denen sie verdeutlichten, dass sie diese Faktoren im Home-Office selbst als stressig erlebt hatten.
Häufig genannt wurden der fehlende Austausch mit Kollegen und Kolleginnen (35,3%) sowie fehlende Abgrenzung zwischen Beruflichem und Privaten (30,3%). Klar, Papa und Mama sind halt zu Hause verfügbar, und selbst wenn die Tür zu dem eigenen Arbeitszimmer zu ist, geht die Türe trotzdem schnell mit einem „Kannst Du gerade mal kurz …“ auf.
Weitere Faktoren, die in der Studie von einigen Personen benannt wurden, waren technische Probleme (20,5%), ständige Erreichbarkeit (19,7%) sowie eine schlechte Internetverbindung (17,2%). Bei der ungenügenden Internetverbindung denken wir passenderweise an die Studienergebnisse über Videokonferenz-Müdigkeit von meinem Kollegen Benjamin aus Singapur in Kapitel 3.
Neben den Erkenntnissen aus dem Wohlfühlreport Homeoffice 22 sind auch Studienergebnisse aus China zu dem Thema interessant. Zunächst identifizierten die Forschenden um Bin Wang in Interviews mit 39 Teilnehmenden vier besondere Herausforderungen im Home-

Office.[58] Darunter fallen häufige Unterbrechungen, ineffektive Kommunikation, Prokrastination und Einsamkeit. Über ständige Störungen im Home-Office sprach ich bereits, genauso über das Thema Kommunikationsprobleme im Kontext der Videokonferenzen. Sprechen wir deswegen direkt über den Faktor Prokrastination.
Prokrastination stellt ein psychologisches Konstrukt dar, welches in der deutschen Sprache auch als Aufschieberitis bekannt ist. Sie kennen garantiert das Sprichwort: „Was Du heute kannst besorgen, das verschiebe nicht auf morgen.“ Das Befolgen dieses alten Sprichwortes wäre genau das Gegenteil von Prokrastination. Tatsächlich ist es für viele Menschen im Home-Office nicht immer leicht, sich zu fokussieren. Die Ablenkung lauert in den heimischen Wänden überall. Die Strukturierung des Arbeitsplatzes und die Fokussierung auf den Job stellt somit für manche Arbeitende im Home-Office eine Herausforderung dar. Dementsprechend brauchen Menschen hier auch unterschiedlich viel Anleitung und Kontrolle von außen, um den Job im Home-Office ordentlich zu erledigen.
Nach dem Faktor Prokrastination möchte ich dann auch noch kurz über den Faktor Einsamkeit als Herausforderung im Home-Office sinnieren. Einsamkeit tauchte bis jetzt nur indirekt in diesem Buch über Videokonferenzen und die Zukunft des Home-Office auf. Einsamkeit steht aber natürlich im Zusammenhang mit dem Bedürfnis, sich mit Menschen auszutauschen. Und ja, das können natürlich Kollegen und Kolleginnen sein. Besonders Personen, die privat keinen Partner oder keine Partnerin haben, also allein sind, haben im Falle einer Home-Office-Tätigkeit weniger

[58] Wang, B., Liu, Y., Qian, J., & Parker, S. K. (2021). Achieving effective remote working during the COVID-19 pandemic: A work design perspective. *Applied Psychology*, *70*(1), 16-59.

berufliche soziale Anknüpfungspunkte. Die sozialen Aspekte einer beruflichen Tätigkeit sind nicht zu unterschätzen!
In der chinesischen Studie um Bin Wang wurde auch untersucht, welche Faktoren besondere Schutzwirkung entfalten können, damit die Schattenseiten des Home-Office möglichst gering ausfallen. Soziale Unterstützung stellte sich dabei als ein zentraler Faktor heraus, um gegenüber Herausforderungen - wie beispielweise, Prokrastination und Einsamkeit im Home-Office - gewappnet zu sein. Zusätzlich zeigte sich, dass Personen mit hoher Job-Autonomie weniger einsam waren. Dies ließe sich eventuell dahingehend interpretieren, dass es große Gestaltungsspielräume im Beruf einfacher machen, auch die eigenen sozialen Bedürfnisse im privaten und beruflichen Alltag gleichermaßen berücksichtigen zu können. Zuletzt ergab die Arbeit aus China wenig überraschend, dass eine große Menge an Arbeit im Home-Office dazu führte, dass der Beruf häufig das Privatleben störte.
Zurück zum Wohlfühlreport Homeoffice 22 in unseren Breitengraden: In der eigenen Studie haben wir nicht nur die Stressoren im Home-Office erforscht, sondern sind auch der Frage nachgegangen, welche Vorteile durch das Arbeiten im Home-Office entstehen. Ich möchte die wichtigsten Vorteile kurz nennen, die zeigen, was Menschen an der Arbeit von zu Hause schätzen.
Spitzenreiter ist in den europäisch untersuchten Ländern das Wegfallen des Arbeitsweges (78,9%), der für viele Menschen sehr viel Zeit frisst. Dieser Vorteil wurde gefolgt von den Faktoren „Geld sparen durch das Wegfallen der Pendelkosten“ oder „Geld sparen, durch nicht auswärts Mittagessen gehen zu müssen“ (74%). Weitere Vorteile, die von vielen Studienteilnehmenden angegeben wurden, waren eine flexiblere Termingestaltung im privaten Bereich

(„private Erledigungen“; 67,9%) und eine flexiblere Arbeitszeitgestaltung (68,1%).
Kommen wir zu weiteren Zahlen, die interessante Einblick in die Home-Office-Erfahrungen während der Pandemie ermöglichen. 36% der Befragten gaben an, durch das Home-Office mehr Zeit mit der Familie zu haben. 29,4% gaben an, durch die Arbeit von zu Hause mehr Zeit für Sport zu haben. Neben diesen schönen Entwicklungen beobachteten wir allerdings auch, dass 25,2% Personen angaben, mehr gearbeitet zu haben, und für 28% der Befragten ist sogar das Arbeitspensum gestiegen. Wie lässt sich dieser Widerspruch auflösen?
Natürlich gibt es Studienteilnehmende bei denen die Arbeitslast während der Pandemie weniger geworden ist, und in diesem Fall kann logischerweise ein Plus an Zeit mit der Familie entstehen. In einer weiteren Analysen, die ich vorgenommen habe, zeigt sich aber, dass von den 2603 Personen in Europa, für die die Arbeitszeit gestiegen ist (also die besagten 25,2%, siehe oben), bei 837 Personen trotz der größeren Arbeitsbelastung die Zeit für die Familie immerhin gleichgeblieben und für 707 sogar zugenommen hat. Diesen Widerspruch tauften wir in der Studie als das Home-Office-Paradoxon. Der scheinbare Widerspruch aus mehr Arbeit und mehr Freizeit erklärt sich meines Erachtens zumindest in Teilen durch den Zeitgewinn durch das Wegfallen des Arbeitsweges. Und Zeit gewinnen Arbeitende nicht nur durch den Wegfall der Pendelstrecke zur Arbeit, sondern auch durch den Wegfall von Gängen, die man innerhalb eines Unternehmens macht. Zeit lässt sich auch durch das flexiblere Handhaben von Alltagstätigkeiten gewinnen. Ich habe schließlich auch ein Plus an Zeit, wenn ich nicht wie alle am Samstag in den Supermarkt gehen muss, sondern am Montag um 11 Uhr im wenig besuchten Supermarkt meinen Wocheneinkauf machen kann.

Bleibt festzuhalten, dass trotz so mancher Home-Office-Belastung für viele Menschen ein Mehr an Zeit für Familie und Privates entstanden ist. Diese gewonnene Zeit haben anscheinend einige Arbeitende für ein wenig „Soul-Searching“ genutzt. Und die damit einhergehende Selbstreflektion hat einen ungünstigen Ausgang für einige Arbeitgebende zur Folge gehabt: 9,9% der Befragten haben aufgrund ihrer Home-Office-Erfahrungen ihren Job gekündigt und weitere 21,7% planten zum Zeitpunkt der Datenerhebung eine Kündigung ihres Arbeitsverhältnisses. An diesem Punkt haben wir ein wenig mehr Ursachenforschung betrieben. Personen, die bereits von sich aus gekündigt haben, wurden von uns weitergehend gefragt, was der Grund für die Kündigung gewesen ist. Schauen wir uns die Top-Gründe an: 34,2% dieser Personen gaben an, dass sie sich nicht selbstverwirklichen konnten. 30,1% der Personen gaben an, zu schlecht bezahlt worden zu sein, und ebenfalls 30,1% berichteten, dass sie für sich keine Aufstiegsmöglichkeit gesehen haben. Wenn man diese Top 3 der Kündigungsgründe verlässt, findet sich ein sehr persönlicher Grund: 26,8% gaben an, schlichtweg mehr Zeit für ihre Familie und Freunde haben zu wollen. Geld ist nicht alles. Diese Lektion haben wohl viele von uns während der Pandemie gelernt.

Um am Endes des Kapitels den Bogen zu den Videokonferenzen im Home-Office zu schlagen, sei erwähnt, dass die Videokonferenzen durchschnittlich als „ein wenig störend“ empfunden worden sind. Interessant erscheint mir, dass besonders Studienteilnehmende mit vielen Personen im Haushalt Videokonferenzen als eher störend eingeschätzt haben. Dies kann man auch anhand der Abbildung 08 sehen. Gerade in einem Mehrpersonenhaushalt ist es sicherlich häufig nicht leicht, sich ausreichend abschirmen zu können, um in Ruhe einer Videokonferenz beizuwohnen.

Abbildung 08: Videokonferenzen (VK) per se stören die meisten Personen „ein wenig". Je größer allerdings der Haushalt ausfällt, desto störender werden diese wahrgenommen – möglicherweise, weil man sich nicht gut abschirmen kann.

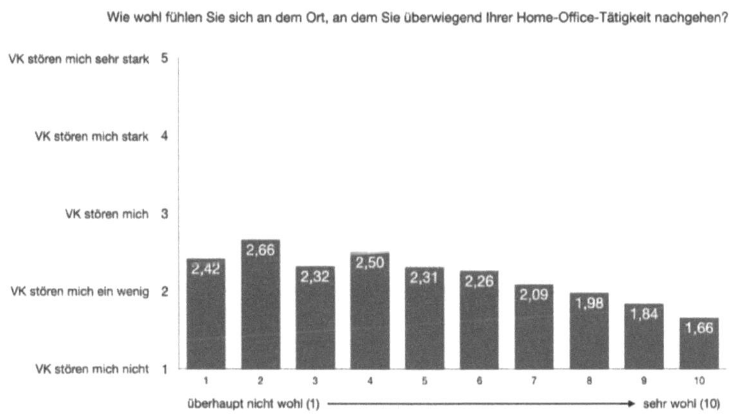

Abbildung 09: In einer weiteren Analyse der Daten zeigt sich, dass in der Gruppe mit besonders ausgeprägtem Wohlbefinden an ihrem Home-Office-Arbeitsplatz Videokonferenzen (VK) als besonders wenig störend empfunden werden.

Dazu passt auch eine weitere Statistik: Personen, die sich besonders wohl an dem Ort fühlen, an dem sie der Home-Office-Tätigkeit nachgingen, gaben an Videokonferenzen als besonders wenig störend empfunden zu haben (siehe Abbildung 09).

Insgesamt zeigt sich ein klares Bild: Home-Office wird von vielen Menschen als nützlich mit einigen Vorteilen eingestuft. Allerdings ist es wesentlich, dass man zu Hause auch eine geeignete Arbeitsatmosphäre schaffen kann, in welcher man ohne Störungen der beruflichen Tätigkeit nachgehen kann.

Kapitel 7: Von wo aus wir in Zukunft arbeiten werden – über die richtige Mischung aus der alten und neuen Arbeitswelt

Nach dem Elon Musk im Oktober 2022 Twitter übernommen hatte, feuerte er erstmal etwa die Hälfte der Belegschaft. Dem Rest der Belegschaft teilte er per E-Mail mit, dass er erwarte, dass sie von nun „extreme hardcore" zu sein hätten.[59] Zusätzlich machte Elon Musk seiner Staff klar, dass das Arbeiten von zu Hause (mit Ausnahmen) gestrichen sei.[60] Das ist bemerkenswert, weil Twitter unter dem ehemaligen CEO Jack Dorsey einer der Pioniere der Home-Office-Arbeit gewesen ist. Dort wurden bereits zu Beginn der COVID-Pandemie die Weichen gestellt, dass alle Mitarbeitenden in Zukunft permanent von zu Hause aus ihrer Arbeit nachgehen können.[61] Unter dem neuen Eigentümer ist das passé. Mit dieser Haltung ist Elon Musk nicht allein unterwegs. Auch andere bekannte Tech-Player wie Apple haben zumindest etwas gegen Home-Office als Dauerlösung einzuwenden. Tim Cook teilte seinen Mitarbeitenden im Sommer 2021 mit, dass sie sich wieder am Montag, Dienstag und Donnerstag bei Apple einzufinden haben.[62] Den meisten Mitarbeitenden würden also „nur" noch zwei Tage Home-Office gestattet, und diese werden von dem Unternehmen tagesgenau

[59] https://www.spiegel.de/netzwelt/apps/elon-musk-stellt-twitter-angestellten-ultimatum-extrem-hardcore-a-73d06c54-0f9b-4150-8856-fd851603ebf4

[60] https://t3n.de/news/elon-musk-verbietet-homeoffice-bei-twitter-1512318/

[61] https://www.wiwo.de/erfolg/beruf/homeoffice-forever-wer-bei-twitter-anheuert-darf-fuer-immer-von-zu-hause-aus-arbeiten/25826078.html

[62] https://nypost.com/2021/06/06/apple-employees-bash-new-policy-cutting-work-from-home-time/

festgelegt. Dies führte zu Empörung bei Teilen der Belegschaft. Die Mitarbeitenden von Apple sahen sich in ihrer Flexibilität eingeschränkt, Familie, das eigene Wohlbefinden und die Arbeit unter einen Hut zu bringen. Trotzdem ist die Arbeit von zu Hause bei Apple eine Neuerung, die vor der Pandemie noch sehr ungern gesehen wurde. Wozu hätte man sich auch sonst das teure Donut-förmige-Office in Cupertino leisten sollen? Die Kosten für den Donut wurden auf über fünf Milliarden US-Dollar geschätzt.[63] Bei 100%iger Arbeit aus dem Home-Office wäre das gigantische Gebäude ein ziemlich teures Statussymbol, wenn keiner mehr dorthin zum Arbeiten hingehen würde. Anhand des US-Konzerns Apple mit seinem schicken Neubau zeigt sich aber durchaus, dass die Pandemie zu Änderungen des Status Quo mit Blick auf die Bewertung des Home-Office geführt hat.

Nun wird immer gerne über die großen Tech-Player berichtet. Wie sieht es hierzulande aus? Eine prominente Stellung in der deutschen Wirtschaftslandschaft hat die Automobilindustrie. Schauen wir uns das Beispiel Audi an: Im Rahmen des *Better Normal*-Programms spricht sich Audi in einer Meldung im Mai 2022 für eine Flexibilisierung des Arbeitens aus und legt besonderen Wert auf die Eigenverantwortung der Mitarbeitenden. Wenn Mitarbeitende mehr mobil arbeiten möchten, soll dies grundsätzlich ermöglicht werden. Allerdings muss dies mit Vorgesetzten abgesprochen werden (logisch!). Zudem möchte Audi aber, dass zumindest ein Teil der Arbeit im Unternehmen stattfindet.[64]

---

63 https://www.theguardian.com/technology/2019/jul/12/apple-headquarters-most-expensive-buildings

64 https://www.audi-mediacenter.com/de/pressemitteilungen/audi-gestaltet-hybride-arbeitswelt-14663

Auch andere große deutsche Konzerne sprechen sich für einen Teil der Arbeit im Home-Office aus. Siemens schlägt zwei bis drei Tage Home-Office-Arbeitszeit vor, und auch die Deutsche Post oder die Commerzbank setzen auf hybride Arbeitsmodelle, wenn sie denn aufgrund der beruflichen Anforderungen möglich sind.[65] Aus einer BitKom-Umfrage vom November 2021 ergibt sich aber auch, dass 45% der befragten Unternehmen die COVID bedingten Home-Office-Zeiten wieder zurückschrauben wollen. 27% sprechen sich sogar dafür aus, das Home-Office wieder komplett abzuschaffen.[66]

Wenn man sich die unterschiedlichen Modelle anschaut, kommt unweigerlich die Frage auf, was einige Manager und Managerinnen vor der Pandemie und auch noch heute gegen das Home-Office haben. Im „Economist" wurden drei Gründe vorgetragen.[67] Zunächst wird ein Grund angeführt, der mit „Carpet" (also „Teppich") zusammengefasst wird. Der Grund klingt wenig schmeichelhaft: Manager:innen haben in Unternehmen sichtbare Privilegien wie ein großes Office oder den besten Platz im Meeting-Raum. Wenn alle zu Hause sind, nimmt das keiner mehr wahr. Für die meisten Leser und Leserinnen wird dieser Grund wohl nicht gegen das Home-Office sprechen.

Grund 2 ist schon nachvollziehbarer und wird in englischer Sprache als „Kind" (freundlich) betitelt: Menschen neigen dazu, eher mit Personen zu interagieren, die sie bereits kennen. Bei der Arbeit von zu Hause ist es dann schwieriger,

---

[65] https://www.businessinsider.de/wirtschaft/handel/siemens-bayer-oder-allianz-in-welchen-konzernen-das-arbeiten-im-home-office-moeglich-bleibt/

[66] https://www.bitkom.org/Presse/Presseinformation/Nach-Home-Office-zurueck-ins-Buero

[67] https://www.economist.com/business/2021/11/06/why-executives-like-the-office

neue Mitarbeiter und Mitarbeiterinnen in das Gefüge des Unternehmens einzubinden. Zusätzlich wird es aus Sicht mancher Führungskräfte schwieriger, eine Karriere zu machen, wenn man nicht persönlich vor Ort dem „Netzwerken“ und „Socializen“ nachgehen kann.

Der dritte Grund fällt unter das Stichwort „Subconsciousness“, also Unterbewusstsein: Führungskräfte haben aufgrund der eigenen Erfahrungen und des eigenen Lebensweges gelernt, wie Dinge für sie funktionieren. Das war in dem vorpandemischen Zeitalter in der Regel ein Job mit viel Zeit in Präsenz. Diese Regel wird nun implizit auf das postpandemische Zeitalter übertragen. Vielleicht haben sich nun aber Dinge geändert und Karrieren lassen sich heute verstärkt mit mehr Home-Office-Elementen machen? Die Zukunft wird es zeigen. Ein gewichtiges Wort wird hier die Generation Z haben, die ihre eigenen Vorstellungen davon hat, wie und in welchem Umfang in Zukunft gearbeitet wird.[68]

Vor dem Hintergrund des Flickenteppichs an vorgeschlagenen Modellen und Absichtsbekundungen der diversen Organisationen stellt sich die Frage, wie die richtige Balance zwischen Home-Office und Arbeiten im Unternehmen in Zukunft aussehen soll. Generelle Antworten zu finden, ist nicht leicht, da sich die Arbeitsplätze und die damit einhergehenden Anforderungen an uns alle stark unterscheiden. Im Folgenden möchte ich deswegen darüber nachdenken, was zu berücksichtigen ist, wenn wir über ein ausgewogenes Verhältnis von Home-Office und Arbeiten in einem Unternehmen sprechen. Und ja: es gibt logischerweise auch Jobs, wo keinerlei oder nur sehr wenig Home-Office möglich sein wird. Ansonsten werden die Supermärkte nicht mehr befüllt, das Dach wird nicht gedeckt und die zu

---

[68] https://www.spiegel.de/start/arbeitsmarkt-generation-z-anspruchsvoll-und-weniger-loyal-zu-firmen-a-1925f8ac-ef01-4ba0-b899-f6c848b5b90c

analysierenden Proben bleiben in medizinischen Laboren liegen. In diesem Zusammenhang ist eine neue Analyse von Jonathan I. Dingel und Brent Neimann hoch interessant. Die beiden Forscher haben analysiert, welche Jobs im Besonderen von zu Hause aus gemacht werden können.[69] Hier haben sie für unterschiedliche berufliche Tätigkeiten Indikatoren herausgearbeitet, die wenig Home-Office-kompatibel erscheinen. Ein solcher Indikator für geringe Home-Office-Tauglichkeit könnte sein, dass ein Großteil der beruflichen Tätigkeiten mit dem Tragen von schützender Kleidung oder mit dem Einsatz von Sicherheitswerkzeug(en) einhergeht. Berufe, die ebenfalls wenig Home-Office kompatibel erscheinen, sind solche, die häufig mit Gehen oder Rennen assoziiert sind. Dazu gehören Tätigkeiten im Kurierdienst. Ein weiterer Indikator für wenig Home-Office-Kompatibilität ist wohl, E-Mails seltener als einmal pro Monat zu nutzen. Dies stellt nur eine kleine Auswahl an solchen Indikator-Tätigkeiten dar, die im Appendix des wissenschaftlichen Artikels zu finden sind. Eine verkürzte Liste aus dem genannten wissenschaftlichen Artikel mit fünf Branchen, die besonders Home-Office-kompatibel sind, ist in Tabelle 01 dargestellt.

Tabelle 01: Fünf Branchen, die sich durch eine hohe „Home-Office-Kompatibilität“ auszeichnen (nach Dingel & Neimann, 2020)[69]

1.	Berufe mit Computer oder Mathematik-Hintergrund
2.	Berufe im Bildungsbereich
3.	Juristische Tätigkeiten
4.	Bereich der Finanzgeschäfte
5.	Management

[69] Dingel, J. I., & Neiman, B. (2020). How many jobs can be done at home?. *Journal of Public Economics*, *189*, 104235.

Abschließend zu der Arbeit von Jonathan I. Dingel und Brent Neimann sei erwähnt, dass sie in ihrer Studie beobachteten, dass Jobs, die Home-Office-kompatibel sind, besser bezahlt werden als solche Berufe, die nicht Home-Office-kompatibel sind. Weiterhin zeigte sich in ihrer Arbeit, dass unter Berücksichtigung von 85 Ländern (jenseits der USA) Länder mit geringeren Einkommen weniger Jobs für die Menschen bereithalten, die kompatibel mit dem Home-Office sind. In den USA können nach der Analyse der Forschenden 37% der Berufe komplett von zu Hause ausgeübt werden. Das Münchner ifo-Institut schätzt laut Angaben in einem Artikel der „Wirtschaftswoche“, dass Home-Office für immerhin 56% der Arbeitnehmenden hierzulande möglich sei.[70] Und für diese mehr als 50% der deutschen Arbeitenden gilt es, sinnvolle Regelungen zu finden, die sowohl die Belange der Unternehmen als auch der Mitarbeitenden unter einen Hut bringen. Wie können solche Regelungen aussehen? One-size-fits-all-Regeln für alle Arbeitenden in Deutschland zu schaffen, ist ein Ding der Unmöglichkeit, da die Berufsanforderungen sehr unterschiedlich ausfallen. Es macht beispielsweise einen gewaltigen Unterschied, ob wir über Arbeit auf einer Großbaustelle sprechen oder von einer Person, die am Schreibtisch Versicherungspolicen durchgeht. Und auch bei der Schreibtischarbeit gibt es große Unterschiede. Die Vielfalt der Berufe und der zahlreichen Anforderungen in einem einfachen, starren Home-Office-Modell adäquat zu berücksichtigen, scheint mir unmöglich. Wie also starten? Lassen wir doch die Betroffenen selbst zu Wort kommen.

[70] https://www.wiwo.de/unternehmen/dienstleister/protokolle-von-betroffenen-die-geschaeftsfuehrung-verbietet-homeoffice-aus-misstrauen-den-mitarbeitern-gegenueber/26790220.html

In dem besagten Wohlfühlreport Homeoffice 22 erfragten wir bei den über 8000 Studienteilnehmenden aus acht Ländern zunächst, wie sie es selbst in Zukunft mit dem Home-Office halten wollen. Genauer wollten wir wissen, ob die Personen aufgrund ihrer Home-Office Erfahrungen während der Pandemie in Zukunft weniger, gleich viel oder mehr im Home-Office arbeiten wollen. Über die acht Länder hinweg zeigten sich sehr ähnliche Befunde, die ich im Detail in Abbildung 10 darstelle.

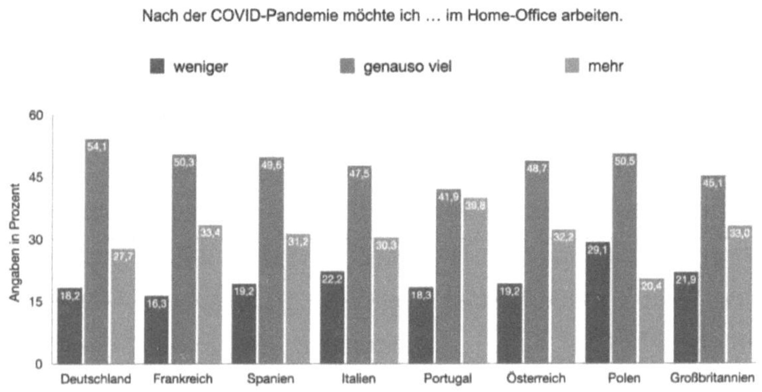

Abbildung 10: Die meisten befragten Personen im Wohlfühlreport Homeoffice 22 gaben an, in Zukunft genauso viel wie aktuell im Home-Office verbringen zu wollen. Die Überschrift der Abbildung ist aus Platzgründen von der Umfrage etwas modifiziert.

Nehmen wir uns Deutschland als Beispiel näher heraus. Nur 18,2% berichteten in der deutschen Stichprobe weniger im Home-Office arbeiten zu wollen. Der Großteil der Befragten, also 54,1% möchte, dass alles so bleibt, wie es ist, und 27,7% der Personen wollen sogar noch mehr Zeit im Home-Office verbringen. Das ist schon mal eine interessante Standortbestimmung. Allerdings fehlt eine zentrale Information. Wie viel Zeit haben die Menschen im Durchschnitt während der Pandemie im Home-Office verbracht? Erst mit einem solchen Wert lässt sich genauer

verstehen, was weniger, gleich viel oder mehr im Home-Office bedeutet. In Abbildung 11 wird ersichtlich, dass sich ein sehr uneinheitliches Bild ergibt.
Etwas weniger als ein Drittel der Befragten war während der Pandemie komplett im Home-Office (5-7 Tagen). Die nächstgrößeren Gruppen waren zwei bzw. drei Tage im Home-Office. Interessant ist nun auch ein Blick darauf zu werfen, wie sich in Abhängigkeit des persönlichen Home-Office-Umfangs die Veränderungswerte verhalten. Genauer wollen wir wissen, wer in den jeweiligen Tagesgruppen weniger, gleich viel oder mehr Zeit im Home-Office verbringen möchte.
Die Zahlen aus Tabelle 02 können dahingehend ein wenig mehr Aufschluss geben.

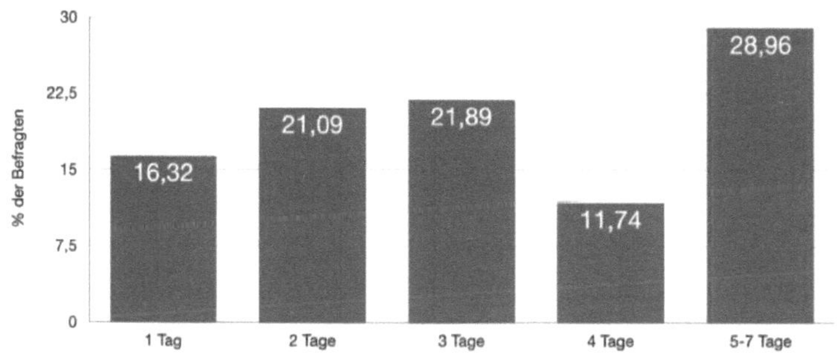

Abbildung 11: Die meisten befragten Personen im Wohlfühlreport Homeoffice 22 gaben an, die ganze Woche oder zwei bzw. drei Tage pro Woche während der Pandemie im Home-Office gearbeitet zu haben. Diese Zahlen beziehen sich auf die Stichprobe aus Deutschland.

Für mich ist besonders interessant, dass die höchste Prozentzahl mit Wunsch nach keiner Veränderung bei der Gruppe zu beobachten ist, die während der Pandemie drei Tage im Home-Office verbracht hat (59,10%). Ebenfalls war ein Teil der Gruppe mit zwei Tagen im Home-Office während der Pandemie (58,96%) anscheinend so zufrieden mit dem Umfang des Home-Office, so dass kein Änderungsbedarf nach unten oder oben zu bestehen scheint. Die höchste Veränderungsbereitschaft nach oben findet sich in der Gruppe der Home-Office-Arbeitenden, die vier Tage im Home-Office verbracht hatten (38,14%).

Tabelle 02: Wie groß ist der Veränderungswunsch nach mehr Home-Office (pro Woche) in der deutschen Stichprobe des Wohlfühlreport Homeoffice 22?[71]

Home-Office Tage*	Weniger Home-Office	Wunsch nach keiner Veränderung	Mehr Home-Office	Untersuchte Stichprobe (Größe)
1 Tag	43 (26,22%)	82 (50,00%)	39 (23,78%)	n = 164; 16,32%
2 Tage	48 (22,64%)	125 (58,96%)	39 (18,40%)	n = 212; 21,09%
3 Tage	36 (16,36%)	130 (59,10%)	54 (24,54%)	n = 220; 21,89%
4 Tage	17 (14,41%)	56 (47,46%)	45 (38,14%)	n = 118; 11,74%
5 bis 7 Tage	39 (13,41%)	151 (51,89%)	101 (34,71%)	n = 291; 28,96%

Ich versuche, die hier genannten Zahlen nun in ein größeres Bild zu setzen. In dem vorangegangen Kapitel haben wir bereits erfahren, dass der größte Stressor im Home-Office der

[71] Die Prozentzahlen der grauen Spalte addieren sich von oben nach unten zu 100% auf. Diese Zahlen geben Einblick in die Größe der Teilstichproben, die einen Tag, zwei Tage, etc. im Home-Office verbracht haben. In den weißen Zeilen addieren sich jeweils die Prozentzahlen von links nach rechts auf (Beispiel: 1 Tag = 26,22% + 50,00% + 23,78% = 100%, in diesem Fall sind 100% = 164 Personen). Hier geben die Zahlen Einblick darüber, wie viel Prozent der jeweiligen Home-Office-Gruppe zum Zeitpunkt der Umfrage weniger, gleich viel oder mehr Home-Office haben wollten. Wenn sich Zahlen nicht genau zu 100% aufaddieren, gibt es einen Rundungsfehler.

fehlende Austausch mit Kollegen und Kolleginnen war. Ein zusätzlicher Stressor äußerte sich in der fehlenden Abgrenzung von beruflichen und privaten Angelegenheiten. Bei einer kompletten Home-Office-Tätigkeit scheint es aus meiner Sicht schwierig zu sein, den von vielen Menschen vermissten Austausch mit Kollegen und Kolleginnen tatsächlich hinzubekommen. Kehren wir nicht mehr – zumindest für kürzere Phasen – in die Unternehmen und Universitäten zurück, wird das Sozialgefüge in den Arbeitsgruppen leiden. Das möchte ich mit eigenen Erfahrungen veranschaulichen: Im universitären Bereich kenne ich mich aufgrund meines Berufs als Professor gut aus. Zunächst, was macht mir in meinem Beruf mehr Freude? Die Vorlesung im Hörsaal zu geben, wo ich direktes Feedback von den Studierenden bekomme? Oder die Vorlesung vor anonymen Kacheln per Zoom zu geben, wie ich es eine Zeit lang während der COVID-Pandemie erlebt habe? Ich schrieb bereits an früherer Stelle in diesem Buch, dass ich irgendwann in der Pandemie auf asynchrone Lehreinheiten als für mich besseres Lernmittel in der Onlinelehre zurückgriffen habe, so dass die Studierenden meine Vorlesung als Kurzvideos durcharbeiten konnten. Nun sind wir aber zum Glück wieder im Hörsaal-Modus: Hier bekomme ich unmittelbar mit, ob ich meine Zuhörenden langweile. Im besten Fall erhalte ich als Feedback, dass meine Vorlesung interessant oder sogar fesselnd ist. Es fällt mir zudem persönlich leichter, im Hörsaal mit den Studierenden zu diskutieren, und natürlich können direkt Fragen gestellt werden. Ich halte es für wichtig, dass die Universität eine Begegnungsstätte bleibt und das gilt sicher auch für andere Organisationen. Heißt das aber jetzt, dass wir alle in ein vorpandemisches Zeitalter zurückkehren sollten? Nein. Mir scheint die Herausforderung darin zu bestehen, nun das Beste aus zwei Welten zusammenzubringen. In meinem

Fall heißt dies, dass es durchaus Veranstaltungen gibt, die auch per Zoom & Co. gut funktionieren. Wenn es um Gruppenarbeit und das Arbeiten an Daten geht, sollte die Teilnehmendenzahl in den Online-Veranstaltungen allerdings überschaubar bleiben. Zumindest ist das meine Erfahrung. Nur dann können alle gehört werden und sich aktiv in das Veranstaltungsformat einbringen.

Auch das Führen eines Teams fällt leichter, wenn man sich hin und wieder sieht und direkt miteinander sprechen kann. In diesem Fall muss man nicht einmal den Telefonhörer heben oder erst mühsam ein Zoom-Meeting einstellen. Sie haben sicherlich schon selbst die Erfahrung gemacht, wie mühselig es sein kann, einen Termin für eine Videokonferenz zu finden, an der möglichst viele der Beteiligten Zeit finden.

Wenn es feste Bürozeiten gibt, dann sind die Kollegen und Kolleginnen da, und man tauscht sich automatisch über das aus, was einen gerade selbst umtreibt. Ich persönlich halte vor dem Hintergrund des Gesagten für viele berufliche Tätigkeiten eine Mischform aus Home-Office und Arbeit vor Ort, in den Unternehmen, Universitäten und anderen Organisationen am gewinnbringendsten, um die Vorteile der alten und neuen Arbeitswelt mitzunehmen und die Nachteile möglichst zu vermeiden. Das mag bei dem einen Arbeitenden zwei Tage Home-Office pro Woche, bei einem anderen Arbeitenden drei Tage Home-Office pro Woche sein. Oder in manchen Fällen sogar noch mehr? Trotzdem: Der direkte Austausch vor Ort ist bedeutsam und ermöglicht auch den Flurfunk im Unternehmen mitzubekommen. Und das ein oder andere private Wort kann auch gewechselt werden.

Ähnliche Zahlen zum Thema Balance zwischen Home-Office und Präsenzarbeit kamen auch in einer PWC-Studie[72] heraus, in der die Arbeitgeber:innen in der Studie aus dem Jahr 2020

[72] https://www.pwc.de/de/real-estate/mehr-home-weniger-office.pdf

angaben, dass sie erwarteten, dass die Home-Office-Arbeitszeiten von 2 Tagen pro Woche auf 3,3 Tage nach der Pandemie steigen werden.

Ich bin übrigens davon überzeugt, dass vor Ort im Unternehmen unser Verständnis für die Arbeit der Kolleg:innen steigt. Ansonsten verfolgen wir schnell das Prinzip „aus den Augen - aus dem Sinn". Wir fragen uns, was die anderen gerade arbeiten – oder arbeiten die überhaupt?

Für die Gestaltung der Home-Office-Arbeit brauchen wir zudem Regeln. Ich persönlich empfinde es als Vorteil, möglichst selbstbestimmt auch von zu Hause arbeiten zu können. Dies bringt vor dem Hintergrund meiner privaten Rolle als Vater und beruflichen Rolle als Professor die notwendige Flexibilität, um die Anforderungen in meinem Alltag zu meistern. Allerdings wäre es schlecht, wenn Home-Office heißen würde, dass man nicht greifbar ist. Ich persönlich habe für mich aber auch gelernt, dass ich im Home-Office durchaus Zeiten brauche, in denen ich im besten Falle nicht erreichbar bin. Freitags versuche ich mir deswegen so wenig Termine wie möglich in den Kalender zu legen (wenn möglich auch keine Zoom-Calls), um Zeit zum Denken und Schreiben zu haben. An den anderen Tagen finde ich es wichtig, dass es feste Zeiten gibt, an denen mich meine Mitarbeitenden und ich andersherum auch meine Staff erreichen kann. Das muss dann nicht der ganze Tag sein. Es ist aber wichtig zu wissen, dass wir gegenseitig z. B. für vier-fünf Stunden am Tag für andere Personen zu sprechen sind. Ansonsten franst unser Home-Office-Arbeitstag bis in den Feierabend aus, und dann wird es mit der Abgrenzung zwischen Privat- und Berufsleben zunehmend schwerer. Ohne feste Home-Office-Arbeitszeit würde man vielleicht den Kolleg:innen bis in den Abend nachtelefonieren müssen, um eine wichtige Frage zu klären. Eventuell muss man selbst zur Abendessenzeit in der Familie nochmal ans Telefon oder

in den Videokonferenz-Call gehen, was für die Struktur des Familienlebens logischerweise nicht gut ist.
Eine Mischung aus Zeiten, in denen man im Home-Office erreichbar ist, sich aber auch mal absondern kann, um ungestört zu arbeiten, ermöglicht trotzdem, dass man drumherum Erledigungen machen kann. Man würde mit einem solchen Modell also weiterhin den Alltag möglichst flexibel gestalten können. Und abends lassen sich in diesem Szenario, wenn die Kinder im Bett sind, auch noch mal eine Stunde Mails abarbeiten. Das muss dann jeder und jede für sich entscheiden. Bartleby im „Economist“ fand eine schöne Metapher, die zeigt, warum ohne gemeinsame Zeiten im Unternehmen Probleme entstehen[73]: Stellen wir uns vor, die Mitarbeitenden wären alle Musiker:innen. Jeder oder jede spielt für sich das Instrument sehr schön. Damit die Gruppe aber als Orchester schön klingt, muss eben auch zusammen geprobt werden.

Ich versuche, ein paar Punkte meiner Überlegungen nun nochmal zusammenzutragen. Auch wenn es die Zeit nach der Pandemie erst zeigen muss, stelle ich die Hypothese auf, dass es ein Zurück in das vorpandemische Arbeitsmodell für viele von uns nicht geben sollte. Arbeitgebende haben doch gesehen, dass Menschen verantwortungsvoll von zu Hause arbeiten können. Mitarbeitende gewinnen durch eine gewisse Zeit im Home-Office einige Vorteile, die ich nicht erneut aufzähle.
Je nach Anforderungsprofil kann es mehr oder weniger Home-Office geben. Ein komplettes Home-Office halte ich für viele Berufe vor dem Hintergrund der sozialen Anforderungen der Team-Arbeit nicht erstrebenswert. Das

---

73 https://www.economist.com/business/2021/03/25/flexibility-is-the-new-great-workplace-divide

entspricht auch dem, was viele Menschen im Wohlfühlreport Homeoffice 22 berichtet haben.
Aus Sicht der Arbeitgebenden entstehen durch gut gemachte Home-Office-Regelungen Vorteile. Zum einen ist es wünschenswert, besonders zufriedene Mitarbeitende zu haben. Dadurch, dass aktuell immer mehr ein attraktiver Markt für Arbeitnehmer und Arbeitnehmerinnen entsteht und es schwer ist, gutes Personal zu bekommen, ist das Bekenntnis zum flexiblen Arbeit ein Asset, um Mitarbeitende zu gewinnen und im Unternehmen zu halten. Auch aus ökonomischen Gründen macht Home-Office Sinn. Büroflächen können verkleinert werden, da nicht mehr so viele Menschen zeitgleich im Büro sein werden. Damit werden beispielsweise Mietkosten gesenkt. Laut einer Befragung von WüestPartner wurde von 18,7% der befragten Entscheidungsträger:innen gesagt, dass es positiv ist, dass das Home-Office zu einer Verkleinerung der Büroflächen führen wird und damit Kosten gespart werden können.[74] Unklar ist, was das Home-Office nachhaltig an Kosten für die Einrichtung von Telearbeitsplätzen zu Hause bedeuten wird. Untcr Telearbeitsplätzen versteht man permanente Arbeitsplätze, die genutzt werden, um außerhalb des Unternehmens der Arbeit nachzugehen.
Jenseits der Frage, was die richtige Balance an Tagen des mobilen Arbeitens (nicht unbedingt nur von zu Hause) und vor Ort im Unternehmen darstellt, muss dringend geklärt werden, zu welchen festen Zeiten Arbeitende sich gegenseitig erreichen können. Dafür ist es auch hilfreich, permanent verfügbare virtuelle Meetingräume einzurichten, in denen man ohne weiteres Einrichten eines Videokonferenz-Calls kurzfristig ein Treffen arrangieren kann. In der bereits

---

[74] https://www.wuestpartner.com/de-de/2022/03/21/homeoffice-vs-buero-studienergebnisse-zum-buerobedarf-und-zu-den-konzepten-der-zukunft/

benannten Studie von WüestPartner wurde in der Datenerhebung von 33,4% der Befragten angegeben, dass der Planungsaufwand für Meetings ein Nachteil des Arbeitens aus der Ferne darstellt. Um dieses Problem besser in den Griff zu bekommen, konnte man dafür sorgen, dass in der Zeit der Verfügbarkeit im Hintergrund Tools wie Slack offen sind, damit man direkt miteinander kommunizieren kann, ohne sich verabreden zu müssen. Alle haben sich schließlich dazu verpflichtet, in einem bestimmten Zeitfenster erreichbar zu sein. In Zeiten der Nicht-Verfügbarkeit ist es aber genauso wichtig, diese Kanäle schließen zu können, um sich vertieft auf eine Sache einzulassen. Auch wenn sich noch vieles im Fluss befindet, stehen hoffentlich positive Zeiten für Arbeitnehmende an, in denen es einfacher wird, die zahlreichen Anforderungen von Berufs- und Privatleben erfolgreich zu meistern.
Das Kapitel deutet schon in der Überschrift an, dass ich mich auch mit der Frage beschäftigen möchte, „von *wo* aus wir in Zukunft arbeiten werden". Bis jetzt wurde diese Frage im Kontext Home-Office vs. Arbeiten vor Ort in einer Organisation diskutiert. Die Zukunft der Arbeit muss aber weder im Home-Office noch im Unternehmen stattfinden. Mobiles Arbeiten bedeutet, dass man seinen Job theoretisch von überall aus machen kann, solange eine vernünftige Internetanbindung existiert. Diesen möglichen Trend hat auch das Unternehmen Airbnb ausfindig gemacht und wirbt mit „Home Offices zum Verlieben". Mit anderen Worten geht es um gut ausgestattete, zusätzlich aber exotisch wirkende Home-Office-Strukturen rund um den Globus. Dies kann ein Büroarbeitsplatz auf einem Lava Feld in Hawaii bis hin zu einem Tiny House in Paris sein.[75] Der CEO Brian

---

[75] https://news.airbnb.com/de/home-offices-zum-verlieben-bei-airbnb-for-work/

Chesky von Airbnb, über welches auch Privatpersonen vorübergehend ihre Wohnung vermieten können, hat im April 2022 verkündet, dass Mitarbeitende in Zukunft selbst entscheiden können, von wo aus sie arbeiten wollen.[76] Mit diesem Angebot hat Brian Chesky anscheinend einen Nerv getroffen. In kurzer Zeit nach der Veröffentlichung der neuen Policy wurde die Karriere-Webseite von Airbnb über 800.000-mal besucht.[77]

Ist es aber wirklich realistisch, dass Menschen in naher Zukunft einfach beschließen, morgen für drei Monate von Bangkok oder Singapur aus dem dortigen Home-Office zu arbeiten? Es ist wenig verwunderlich, dass Brian Chesky daran glaubt (O-Ton: „Ich glaube, dass der Geist aus der Flasche ist und dass die Flexibilität hierbleiben wird.“)[78]. Aber für den Normalsterblichen mag das anders aussehen. Zumindest kommt die Kolumne von Bartleby am 7. Mai 2022 im „Economist“ zu der folgenden Analyse[79]: Nur für wenige Glückliche wird es für die eigene Arbeit „Bleisure“ geben, also die Möglichkeit, das Prinzip „Business“ mit „Pleasure“ in attraktiven Gegenden der Welt verknüpfen zu können.

Was spricht dagegen? Nun, ständiges Hin- und Herhüpfen rund um Globus erzeugt strukturelle Probleme, beispielsweise mit dem Erfassen der Einkommenssteuer. Oder es tauchen juristische Themen auf. Es ist beispielsweise nicht leicht, überall auf dem Globus längere Auslandaufenthaltserlaubnisse zu bekommen. Weiterhin ist zumindest momentan nicht überall auf der Welt das Internet

---

[76] https://t3n.de/news/airbnb-remote-homeoffice-buero-1469338/

[77] https://t3n.de/news/homeoffice-freigabe-800000-1472826/

[78] https://t3n.de/news/homeoffice-freigabe-800000-1472826/

[79] https://www.economist.com/business/2022/05/07/why-working-from-anywhere-isnt-realistic

so gut ausgebaut, dass Arbeiten ohne Pannen möglich ist, und außerhalb des Unternehmens ist das technische Trouble-Shooting zumindest schwieriger. Und vergessen wir nicht, dass viele von uns Verantwortung für Kinder mit Schulpflicht tragen, so dass für Familien ein solches Modell sehr schwierig umzusetzen ist. Für wen wird das Modell also Realität werden können? Wahrscheinlich für junge Menschen im Digitalbereich, die keine Verantwortung für eine Familie haben.

Wie sieht also nun die Zukunft der Arbeit aus? Von wo aus arbeiten wir? Unabhängig davon, in welchem Umfang wir digital arbeiten werden, egal wie hoch der Anteil des Home-Office für uns sein wird, wir sind Menschen und haben das Bedürfnis nach sozialen Bindungen und direktem Austausch. Eine reine Digitalstrategie für die Arbeit wird nicht ausreichend sein, um uns bei der Arbeit zufrieden zu machen. Und da kommen wir schon beim letzten Bereich in diesem Kapitel an, den ich noch diskutieren möchte. Es handelt sich um das viel beschworene Metaverse, auf das besonders der Konzern Meta (ehemals Facebook) in Zukunft setzt. Was würde das Metaverse für die Zukunft der Arbeit bedeuten? Naturgemäß kann ich über Dinge, die erst am Entstehen sind, nur spekulieren. Der Begriff Metaverse taucht meines Wissens zum ersten Mal 1992 in einem Science-Fiction Buch mit dem Namen „Snow Crash" von Neal Stephenson auf.[80] In dem Buch von Neal Stephenson ist schon alles da, wovon heute diskutiert und woran bereits gearbeitet wird. Es handelt sich um eine virtuelle Welt, in der man sich mit seinem eigenen Avatar durch das Metaverse bewegt und in Zukunft Live-Konzerte besuchen oder auf Shopping-Tour gehen kann, aber eben auch Geschäftstreffen abhält. In einem virtuellen Raum würden wir uns dort mit unseren Avataren

[80] Stephenson, N. (2003). *Snow crash: A novel*. Spectra.

einfinden und miteinander in den Austausch gehen. Wenn wir Avatare haben, die unsere digitalen Zwillinge sind, würden wir dann in einem virtuellen Raum exakt gleiche Erfahrungen machen wie bei einem Meeting in Präsenz? Werden einige der in diesem Buch besprochenen Probleme der Videokonferenzen passé sein, wenn wir uns im virtuellen Raum von Angesicht zu Angesicht gegenüberstehen? Und wie würden wir unseren digitalen Zwilling kleiden? Die NFT-Szene wird sich freuen, wenn sie hier digitale Produkte absetzen kann. Was wird eine Hugo Boss Anzug für den digitalen Zwilling kosten? Werden wir uns darum bemühen, dass unser digitaler Zwilling genauso aussieht wie wir (die letzte Abba-Show hat gezeigt, wohin es geht)[81] oder werden wir auf Cartoon-ähnliche Zwillinge setzen? Eine Barriere stellt sicherlich nach wie vor das Vorhandensein von VR-Goggles dar (VR = Virtual Reality). Bei diesen VR-Goggles handelt es sich um eine Art Brille, die man aufsetzt, um die virtuelle Welt zu betreten.

Wie lange es noch dauern wird, bis das Metaverse auch einen festen Platz im Arbeitsleben einnimmt, lässt sich nicht exakt sagen. Bill Gates geht davon aus, dass bereits 2024 viele Menschen über das Metaverse mit 3D-Avataren kommunizieren. Entsprechende Headsets und passende Handschuhe werden von Microsoft wohl bald ausgerollt.[82] Apple ist ebenfalls gerade dabei, das eigene Produkt „Vision Pro“ auf den Markt zu bringen.[83] Werden wir dann alle nur noch über VR miteinander in Kontakt treten? Ich glaube das

---

81 https://www.spiegel.de/netzwelt/web/avatare-wir-werden-digitalen-doppelgaengern-auf-der-strasse-begegnen-a-d8af2a9a-3f78-4657-8bbc-e3044f3df255

82 https://blockworks.co/news/bill-gates-meetings-will-be-in-the-metaverse-within-three-years

83 https://www.apple.com/de/newsroom/2023/06/introducing-apple-vision-pro/

nicht. Zum einen werden neue Probleme durch das Besuchen von virtuellen Welten entstehen. Vielleicht ermüdet es uns auch, wenn wir die ganze Zeit über schlecht sitzende VR-Brillen an virtuellen Meetings teilnehmen. Schon jetzt wird im Kontext von VR-Technologie über die Cybersickness diskutiert[84], die Ähnlichkeiten mit der Bewegungskrankheit hat, die viele von der Achterbahn-Fahrt oder als Reiseübelkeit kennen. Deswegen wird es wahrscheinlich ein wohl dosierter Mix an Begegnungen in physikalischer Präsenz und virtuellen Treffen sein, die unser Berufsleben in Zukunft begleiten werden.[85] Die Metaverse-Szenarien halte ich für wahrscheinlich, wenn wir Menschen treffen wollen, die weit weg von uns leben, aber für unser Privat- und/oder Berufsleben wichtig sind.

---

[84] Mazloumi Gavgani, A., Walker, F. R., Hodgson, D. M., & Nalivaiko, E. (2018). A comparative study of cybersickness during exposure to virtual reality and "classic" motion sickness: are they different?. *Journal of Applied Physiology*, *125*(6), 1670-1680.

[85] Siehe auch eine ähnliche Meinung von Ben Chodor, CEO von Notified, einem Anbieter für virtuelle Kommunikation: https://www.forbes.com/sites/forbescommunicationscouncil/2022/01/13/meetings-in-the-metaverse-is-this-the-future-of-events-and-conferences/?sh=76e57a048a1f

Kapitel 8: Vom Waldbaden im Zeitalter der digitalen Videokonferenzen

Als ich den goldenen Pavillon in der alten Kaiserstadt Kyoto in Japan besichtige, schüttet es wie aus Eimern. Mein Schirm hält die Regenmengen nur unzureichend ab. Trotzdem zieht mich das goldene merkstöckige Gebäude in seinen Bann, und ich verstehe ein bisschen mehr, warum der junge Mizoguchi in dem Roman von Yukio Mishima „Der goldene Pavillon", zunehmend mehr besessene Züge nach dem Gebäude durchlebt. Das weltberühmte Gebäude wurde 1397 auf Wunsch eines Shoguns errichtet, der das imposante Bauwerk als Ruhesitz nutzen wollte.

Für mich wirkt der goldene Pavillon vor allen Dingen durch die nahezu perfekte Komposition mit der direkten Umgebung. Scheinbar nahtlos gliedert sich das dreigeschossige Bauwerk in die grüne Landschaft und den umgebenden See ein.

Die Komposition gleicht einem Meisterwerk und dies nicht per Zufall. Denn auch der See sowie die umgebende Gartenlandschaft wurden künstlich angelegt. Besonderen Wert legen die Japaner und Japanerinnen allerdings auch auf ihre Steingärten. Besonders berühmt ist der Steingarten des Ryoanji-Tempels. Dort sind fünfzehn Steine platziert und egal, von wo man auf den Steingarten schaut, es wird immer einer der Steine verborgen bleiben. Auch hier lädt die Perfektion zur stillen Meditation ein.

Vor dem Hintergrund dieser perfekt wirkenden Naturumgebungen, die sicherlich auch Zufluchtsort für die gestressten Großstadtmenschen sind, hat sich ein für mich dagegen überraschender Trend aus Japan etabliert, der auch zunehmend mehr Widerhall in der internationalen Forschung findet. Es handelt sich um Shinrin-Yoku oder übersetzt "im

Wald baden". Damit ist gemeint, dass die Japaner:innen in natürliche Waldumgebungen eintauchen, um den Wald mit allen Sinnen zu erfahren.[86] Natürlich bedeutet dies Spazierengehen oder Wandern durch den Wald, aber am besten ohne Technologie, um das Rauschen eines Bachs, das Rascheln der Blätter und die Geräusche der Tierwelt bewusst wahrzunehmen. Es klingt simpel, und tatsächlich ist es das auch. Bei mir setzen die beruhigenden Effekte durch das Waldbaden sehr schnell ein. Schon nach wenigen Minuten im Wald – ganz mit mir allein - fühle ich mich entspannter, und meine Sinne sind geschärft. Bilde ich mir das nur ein?

Ich bin auf die Suche nach aktuellen Studien gegangen, die sich mit dem Waldbad und angrenzenden Fragestellungen beschäftigen und dabei öffnete sich mir eine erstaunliche Welt.

Zunächst haben sich bereits viele Arbeitsgruppen mit dem Waldbad beschäftigt und beobachteten sehr positive Effekte auf unser Wohlbefinden und unsere Neurobiologie. Ich möchte ein paar Ergebnisse highlighten, die meines Erachtens die Wirksamkeit des Waldbads und des Spazierengehens im Wald unterstreichen.

Besonders interessant ist eine neue bildgebende Studie des Gehirns.[87] Hier wurden 63 Personen per Zufall in die Gruppe Waldspaziergang oder Spaziergang durch eine urbane Region in Berlin eingeteilt. Vor und nach dem Spaziergang wurden die Studienteilnehmenden darum gebeten, sich unter anderem Gesichter mit neutralem und furchtvollem Ausdruck anzuschauen. Warum machten dics die

---

[86] Hansen, M. M., Jones, R., & Tocchini, K. (2017). Shinrin-yoku (forest bathing) and nature therapy: A state-of-the-art review. *International Journal of Environmental Research and Public Health*, *14*(8), 851.

[87] Sudimac, S., Sale, V. & Kühn, S. (2022). How nature nurtures: Amygdala activity decreases as the result of a one-hour walk in nature. *Molecular Psychiatry*, 27, 4446–4452.

Wissenschaftlerinnen? Es ist bekannt, dass unter anderem durch das Anschauen von furchtvollen Gesichtern die Mandelkern-Aktivität (Amygdala-Aktivität) anregt wird.[88] Die Aktivität der Mandelkerne im Gehirn wird dabei häufig als Stressmaß gesehen, da sie unter anderem eine Rolle bei der Entstehung der Emotionen Angst und Furcht hat.[89] Dies ist ein sehr vereinfachter Blick auf ein komplexes Thema, da unser Gehirn netzwerkartig arbeitet und bei komplexen psychologischen Funktionen – beispielsweise Emotionen - viele Hirnareale von Bedeutung sind.

Die Forschenden um Sonja Sudimac wollten nun wissen, was passiert, wenn die Studienteilnehmenden eine Stunde einen Spaziergang machten. Würde die Reaktion auf die furchtvollen Gesichter anders ausfallen? Genau das war der Fall. Allerdings nur für die Waldspaziergänger:innen durch den Grunewald in Berlin. Während bei den Spazierenden durch den Berliner Stadtwald die Mandelkern-Aktivität während der Verarbeitung von Furchtstimuli im Hirnscanner nach dem 60-minütigen Spaziergang deutlich reduziert war, zeigt sich für die Spazierenden über die Schlossstraße in Berlin kein solcher Effekt. Passend dazu zeigten sich in einer weiteren Studie auch gesündere Strukturen der Mandelkerne, wenn Menschen in Berlin nahe am Stadtwald wohnten.[90] Bei

---

[88] Fusar-Poli, P., Placentino, A., Carletti, F., Landi, P., Allen, P., Surguladze, S., ... & Politi, P. (2009). Functional atlas of emotional faces processing: a voxel-based meta-analysis of 105 functional magnetic resonance imaging studies. *Journal of Psychiatry and Neuroscience*, *34*(6), 418-432.

[89] Mobbs, D., Petrovic, P., Marchant, J. L., Hassabis, D., Weiskopf, N., Seymour, B., ... & Frith, C. D. (2007). When fear is near: threat imminence elicits prefrontal-periaqueductal gray shifts in humans. *Science*, *317*(5841), 1079-1083.

[90] Kühn, S., Düzel, S., Eibich, P., Krekel, C., Wüstemann, H., Kolbe, J., ... & Lindenberger, U. (2017). In search of features that constitute an "enriched environment" in humans: Associations between geographical

dieser Betrachtungsweise geht es nicht um Aktivitätsmuster des Gehirns, sondern um die Struktur des Gehirns.
Das alles passt gut zu eigenen Erfahrungen, die ich kürzlich bei einer Tagung in Saudi-Arabien machte. Nach der Landung in Dammam ging es für mich direkt ins Hotel. Ich hatte eine ziemliche Horrorreise hinter mir. Zunächst verpasste ich in Kairo den Anschlussflieger, der mich direkt nach Saudi-Arabien bringen sollte. Nach mehrstündigem Aufenthalt gab es dann für mich lediglich die Möglichkeit, über Bahrain nach Dammam zu fliegen, und so kam ich zig Stunden später mitten in der Nacht in Dammam im Hotel an. Ziemlich müde wachte ich am nächsten Morgen auf und wollte mir dann mit einem kurzen Spaziergang die Müdigkeit aus den Beinen schütteln. Als ich vor dem Hotel stand, versuchte ich, eine Fußstrecke ausfindig zu machen, um die Gegend erkunden zu können. Ähnlich wie in den USA scheint man in Saudi-Arabien aber alles mit dem Auto zu machen. Und so blieb mir nicht viel übrig, als an einem staubigen Wüsten-Highway zu spazieren und die Impressionen der Wüste in mich aufzunehmen.
In Abständen weniger Sekunden brausten lärmend Autos in großer Geschwindigkeit an mir vorbei, wobei sich die Autofahrenden wahrscheinlich den Kopf darüber zerbrachen, was der seltsame Ausländer wohl am Straßenrand zu suchen hatte. Wie sich jeder Leser oder jede Leserin vorstellen kann, war dieser Spaziergang alles andere als erholsam. Nach ein paar Minuten brach ich ab, um zum Hotel zurückzukehren.
Die kleine Episode von einer Reise zu einer Digitalkonferenz in Saudi-Arabien unterstreicht, dass wir bestimmte Umwelten aufsuchen müssen, um das Maximum an positiven Effekten aus dem Spaziergang herauszuholen. Interessant wäre es, zu wissen, ob auch die Wüste erholende Effekte in uns bewirken

---

properties and brain structure. *Scientific Reports*, 7(1), 1-8.

kann, wenn man dort Ruhe findet (und keine Autos und Abgase die Erholung stören). Gibt es das Bad in der Wüste? Die positiven Effekte des Waldspaziergangs sind nicht nur mit bildgebenden Verfahren des Gehirns nachgewiesen worden, sondern auch mit Hilfe der direkten Messung des Stresshormons Cortisol. Wenn wir Stress erleben, werden nicht nur stressassoziierte Hirnareale aktiviert, sondern als Folge auch die Stressachse des menschlichen Körpers getriggert, was zu einem Ausstoß an Cortisol führt.
Mittlerweile gibt es mehrere Arbeiten zum Thema „Stressreduktion und Waldbad", so dass eine Meta-Analyse bereits die Ergebnisse einiger Studien statistisch zusammenfassen konnte.[91] In dieser Meta-Analyse zeigte sich tatsächlich, dass das Waldbad im direkten Vergleich mit dem Stadtspaziergang häufig die Cortisolspiegel der Proband:innen reduzierte. Dies passt auch zu Selbstberichten von Studienteilnehmenden, die nach dem Waldbad von deutlich mehr positiven Emotionen berichteten.[92] Nach dem Waldbad waren viele Personen zudem auch kognitiv deutlich frischer.[93] Mehr positive Emotionen und ein Plus an kognitiver Frische würde natürlich eine gelungene Mittagspause in der Arbeitswelt darstellen.

---

91 Antonelli, M., Barbieri, G., & Donelli, D. (2019). Effects of forest bathing (shinrin-yoku) on levels of cortisol as a stress biomarker: A systematic review and meta-analysis. *International Journal of Biometeorology*, *63*(8), 1117-1134.

92 Antonelli, M., Donelli, D., Carlone, L., Maggini, V., Firenzuoli, F., & Bedeschi, E. (2021). Effects of forest bathing (shinrin-yoku) on individual well-being: an umbrella review. *International Journal of Environmental Health Research*, 1-26.

93 Shin, W. S., Shin, C. S., Yeoun, P. S., & Kim, J. J. (2011). The influence of interaction with forest on cognitive function. *Scandinavian Journal of Forest Research*, *26*(6), 595-598.

Neben hormonellen Veränderungen untersuchten Studien auch, ob das Waldbad sich positiv auf immunologische Parameter auswirken würde.[94] In der Übersichtsarbeit um Ye Wan werden einige Studien zusammengefasst, die Hinweise darauf fanden, dass das Immunsystem positiv auf das Waldbad reagiert – aber hier muss noch mehr geforscht werden.

Das Waldbad ist also gesund für Geist und Körper. Was macht man aber, wenn kein Stadtwald oder gar ein richtiger Wald in der Nähe der Arbeitsstätte ist? Der Morgen war voller Videokonferenzen, die Laune ist dahin, und es wäre dringend nötig runterzukommen. Eine neue Studie legt nahe, dass auch ein digitales Shinrin-Yoku helfen kann.

In der neuen Arbeit um Gerhard Reese von der Universität Koblenz-Landau wurden Studienteilnehmende entweder durch den städtischen Wald oder durch einen virtuellen Wald nach dem Aufsetzen einer Oculus-Rift-Brille geschickt.[95] Die gute Nachricht der Studie ist, dass sowohl der echte Stadtwaldspaziergang als auch der Spaziergang durch den VR-Wald zu erholsamen Effekten führte, die in etwa vergleichbar waren. Wenn man aber die Möglichkeit hat, physikalisch den Wald aufzusuchen, ist das um so besser. Hinten raus waren in der Studie die Effekte für den Stadtwaldspaziergang ein wenig stärker ausgeprägt.

Jenseits des Waldspaziergangs werden weitere Dinge diskutiert, die in unserem hektischen digitalen Zeitalter Wohlbefinden und kognitive Ressourcen erhöhen könnten.

---

[94] Wen, Y., Yan, Q., Pan, Y., Gu, X., & Liu, Y. (2019). Medical empirical research on forest bathing (Shinrin-yoku): A systematic review. *Environmental health and Preventive Medicine*, *24*(1), 1-21.

[95] Reese, G., Stahlberg, J., & Menzel, C. (2022). Digital shinrin-yoku: Do nature experiences in virtual reality reduce stress and increase well-being as strongly as similar experiences in a physical forest?. *Virtual Reality*, *26*(3), 1245-1255.

Ein wichtiger Begriff ist in diesem Zusammenhang die „Biophilia“. Damit ist gemeint, dass wir Menschen durch einen langen Evolutionsprozess die Vorliebe für natürliche Umgebungen und das Lebendige haben. Deswegen hat man in neuen Studien wissen wollen, ob die Maßnahme, die Natur ins Büro zu bringen, positive Effekte auf unser Wohlbefinden und unsere kognitive Funktionen hat. Tatsächlich zeigte sich in einer Arbeit, in der man mit visuellen Projektionen und auditiven Hintergrundgeräuschen die Natur im Büro simulierte, dass sich positive Effekte für die Studienteilnehmenden einstellten.[96]

Nun haben viele von uns noch nicht die Möglichkeit, auf VR-Brillen mit Waldszenen oder auf visuelle Wald-Projektionen am Arbeitsplatz zurückzugreifen. Gibt es etwas, was möglicherweise für viele von uns erschwinglich ist und funktionieren könnte? Eine mehr als zehn Jahre alte Studie testete, ob bereits wenige Pflanzen im Büro im Vergleich zu keinen Pflanzen im Büro zu einer besseren kognitiven Leistung in Form der Aufmerksamkeitskapazität führen könnte.[97] Die Versuchsbedingung „Pflanzen im Büro“ sah vor, dass auf dem Schreibtisch neben dem Computer eine kleine Pflanze (*Aglaonema commutatum*, 30 cm) hingestellt wurde und daneben auf dem Fußboden eine größere Stehpflanze (*Schefflera arboricola*, 1,20 m) zu sehen war. Auf der Fensterbank standen zwei pinkfarbene Pflanzen (*Phalaenopsis*) in weißen Töpfen. Versuchsteilnehmende hatten nun die Aufgabe, Sätze auf einem Computerbildschirm

---

[96] Aristizabal, S., Byun, K., Porter, P., Clements, N., Campanella, C., Li, L., ... & Bauer, B. (2021). Biophilic office design: Exploring the impact of a multisensory approach on human well-being. *Journal of Environmental Psychology*, *77*, 101682.

[97] Raanaas, R. K., Evensen, K. H., Rich, D., Sjøstrøm, G., & Patil, G. (2011). Benefits of indoor plants on attention capacity in an office setting. *Journal of Environmental Psychology*, *31*(1), 99-105.

laut zu lesen und sich von jedem Satz das letzte Wort zu merken. Tatsächlich schnitt die Gruppe der Studienteilnehmenden in dem Bürosetting mit Pflanzen besser ab.

Nun könnte man diese Arbeit als Einzelbefund abtun. Tatsächlich sprechen aber eine Reihe von Arbeiten dafür, dass Pflanzen im Büro positive Effekte auf die Arbeitenden haben können. Die Befundlage ist aber etwas heterogener, als meine Zusammenfassung wirkt, was auch mit methodischen Unterschieden der Arbeiten zu tun haben kann.[98,99]

Kommen wir zu einem letzten Punkt, den ich am Schluss des Kapitels kurz diskutieren möchte. Wir wissen nun, dass sich der Aufenthalt in möglichst grünen Umgebungen positiv auf Menschen auswirkt und sogar entsprechende grüne Elemente im eigenen Büro ähnliche Effekte haben könnten. Pausen im Stadtwald oder am besten im Wald können sehr erholsam wirken. Allerdings ist auch klar, dass nicht jede:r Arbeitende den Luxus hat, aus der Mittagspause direkt in den Stadtwald hineinschlendern zu können. Hier ist auch die Stadtplanung weiterhin gefragt, Städte möglichst grün zu gestalten.

Pausen sind grundsätzlich wichtig, dass Menschen ihren Akku aufladen können. Deswegen wollen wir uns nicht nur mit der Pause in grünen Umgebungen beschäftigen, sondern auch in Erfahrung bringen, ob eine bestimmte Pausensequenz besonders viel Erholung bringt.

Eine Übersichtsarbeit um den Forschenden Ahmed Radwan kommt zu dem Schluss, dass für Menschen, die im Büro arbeiten, alle 30 Minuten eine kurze Pause von zwei bis drei Minuten mit leichten Dehnübungen positive physiologische

---

[98] Chang, C. Y., & Chen, P. K. (2005). Human response to window views and indoor plants in the workplace. *HortScience*, *40*(5), 1354-1359.

[99] Craig, C. M., Neilson, B. N., Altman, G. C., Travis, A. T., & Vance, J. A. (2022). Applying restorative environments in the home office while sheltering-in-place. *Human Factors*, *64*(8), 1351-1362.

und mentale Effekte haben kann, ohne dabei aber die Produktivität zu schmälern.[100] Eine weitere Übersichtsarbeit kommt ebenfalls zu einer positiven Einschätzung von Mikropausen, weist jedoch darauf hin, dass nach besonders anspruchsvollen geistigen Herausforderungen längere Pausen als zehn Minuten notwendig sein können, um sich für die nächsten Aufgaben zu regenerieren.[101] Ich nehme mir das zu Herzen und mache nun eine Schreibpause. Vielleicht legen Sie das Buch nun auch zur Seite und lesen dann später die Zusammenfassung einiger relevanter Tipps in Kapitel 9, um wesentliche Punkte des Buches Revue passieren zu lassen.

---

[100] Radwan, A., Barnes, L., DeResh, R., Englund, C., & Gribanoff, S. (2022). Effects of active microbreaks on the physical and mental well-being of office workers: A systematic review. *Cogent Engineering*, *9*(1), 2026206.

[101] Albulescu, P., Macsinga, I., Rusu, A., Sulea, C., Bodnaru, A., & Tulbure, B. T. (2022). " Give me a break!" A systematic review and meta-analysis on the efficacy of micro-breaks for increasing well-being and performance. *PloS One*, *17*(8), e0272460.

Kapitel 9: Zehn Punkte für einen besseren Umgang mit Videokonferenzen und für mehr Wohlbefinden im Büro

In dem vorliegenden Buch habe ich besonders das neue Phänomen der Videokonferenz-Müdigkeit beleuchtet. Die bereits existierenden Studien lassen ein paar erste Schlüsse zu, die vielleicht dabei helfen können, die eigene Videokonferenz-Müdigkeit zu reduzieren oder einer solchen Videokonferenz-Müdigkeit vorzubauen. Natürlich brauchen wir noch mehr Forschung in diesem Bereich, um mit weiteren Studien zu bestätigen, wie nachhaltig die folgenden Tipps helfen.

Tipp 1: Auch wenn Videokonferenzen manchmal nötig sind und auch Spaß machen können, gilt es diese zu dosieren. Vermeiden Sie vor allen Dingen die Back-to-Back-Videokonferenzen.

Tipp 2: Über die richtige Dosis an Videokonferenzen lässt sich streiten. Wenn allerdings ausreichend lange Pausen zwischen den Videokonferenzen eingehalten werden sollen, käme man bei 30-minütigen Videokonferenzen auf zwei bis drei solcher Meetings, die man pro Arbeitstag machen kann. Es gilt auch noch etwas dazwischen abzuarbeiten. Ich selbst versuche, nicht mehr als zwei Videokonferenzen in meinem Arbeitstag zu haben. Das gelingt aber nicht immer und ist auch vom individuellen Jobprofil abhängig.

Tipp 3: Je kürzer die einzelne Videokonferenz ausfällt, desto besser. Das bedeutet aber auch, dass alle Personen mit einem klaren Mindset in das Meeting reingehen und zuvor eine To-Do-Liste vorbereitet wurde, die man dann professionell abarbeitet. In den präsentierten Daten in diesem Buch zeigte sich, dass Personen mit durchschnittlichen Online-Meetings von bis zu 14 Minuten die geringsten Videokonferenz-Müdigkeitswerte berichteten. Übrigens ist es auch hilfreich, dass man eine Person festlegt, die die Zeit der Videokonferenz im Auge behält.

Tipp 4: In dem Buch zeigte sich, dass die Spiegel-Angst für manche Teilnehmende an Videokonferenzen ein Problem darstellen kann. Und aus Höflichkeitsgründen mag es in bestimmten Kontexten wichtig sein, sich selbst zu zeigen. D. h. aber noch lange nicht, dass man sich auch selbst sehen muss. Bei Zoom kann man beispielsweise die Selbstansicht ausschalten, um sich so voll auf die Teilnehmenden einer Online-Konferenz zu konzentrieren. Diese Maßnahme hilft dann möglicherweise, die im Buch beschriebene Spiegel-Angst zu reduzieren.

Tipp 5: Das hat sich natürlich schon rumgesprochen und wurde im Buch noch nicht thematisiert. Trotzdem ist dieser Tipp meines Erachtens wichtig: Wenn man nicht selbst an der Reihe mit sprechen ist, gilt es sich zu „muten“ (stumm zu stellen). Besonders bei großen Gruppen nerven Hintergrundgeräusche mehrerer Personen und machen es anstrengender, dem Gesagten zu folgen.

Tipp 6: Je nach Veranstaltung könnte man über eine Beschränkung der Teilnehmenden-Zahl nachdenken. Wenn es um die reine Wissensvermittlung oder Benachrichtigung von vielen Menschen geht, ist das sicherlich etwas Anderes. Gruppenarbeit ist aber nur mit einer überschaubaren Zahl an Personen möglich. Es scheint so zu sein, dass die Videokonferenz-Müdigkeit bei Online-Sitzungen mit mehr Teilnehmenden stärker ausgeprägt ist (siehe Abbildung 05).

Weiterhin: Die Gallery-Ansicht könnte mehr ermüden als die Speaker-Ansicht. Das muss aber noch weiter erforscht werden.

Tipp 7: Dies wurde ebenfalls noch nicht in diesem Buch besprochen, wurde aber in einer Arbeit als positive Maßnahme vorgeschlagen.[102] Um der Videokonferenz-Müdigkeit vorzubauen ist es möglicherweise gut, das Gruppenzugehörigkeitsgefühl der Teilnehmenden an einer Online-Konferenz zu stärken. Das könnte dadurch geschehen, in dem man an das gemeinsame Ziel des Meetings appelliert und die Bedeutsamkeit der Rolle jedes bzw. jeder Einzelnen aufzeigt.

Tipp 8: Aktive Teilnahme ist wichtig. Bringen Sie sich in die Meetings ein. Nur passives Zuhören ermüdet sehr wahrscheinlich mehr als eine aktive Teilnahme!

Tipp 9: Die Helligkeit auf dem Bildschirm sollte so angepasst werden, dass das Licht vom Monitor und der Umgebung etwa gleich hell sind. Klar lesbare Schriften - am besten in dunkler Farbe vor hellerem Hintergrund - helfen dabei der Ermüdung vorzubauen. In Videokonferenzen werden schließlich auch Folien gezeigt. Mehr Tipps dazu gibt es auf dieser Webseite.[103]

Tipp 10: Machen Sie über den Tag verteilt einige Mikro-Pausen, um sich zu erholen. Wenn Sie die Möglichkeit haben, spazieren Sie in der Mittagspause durch den (Stadt-)

---

[102] Bennett, A. A., Campion, E. D., Keeler, K. R., & Keener, S. K. (2021). Videoconference fatigue? Exploring changes in fatigue after videoconference meetings during COVID-19. *Journal of Applied Psychology*, *106*(3), 330-344.

[103] https://www.tk.de/techniker/magazin/sport/gesunder-ruecken/licht-am-arbeitsplatz-beleuchtungstipps-2009240

Wald. Positive Effekte können aber auch schon grüne Elemente im Büro haben.

Über den Autor

Dr. Christian Montag ist Professor für Molekulare Psychologie an der Universität Ulm und war von 2016-2022 Visiting Professor an der University of Electronic Science and Technology of China in Chengdu/China. Zuvor hat er in Gießen Psychologie studiert und danach an der Universität Bonn promoviert und habilitiert. Als Post-Doc arbeitete er zudem an der Stony Brook University auf Long Island, NY, USA.

Neben den biologischen Grundlagen der Persönlichkeit erforscht Christian Montag mit modernen wissenschaftlichen Methoden, wie sich die Digitalisierung auf uns Menschen und unsere Gesellschaft auswirkt. Außerdem forscht er im Bereich der Neuroökonomik und Psychoinformatik.

Christian Montag ist (Ko-)Autor von zahlreichen Fachartikeln und sitzt im Editorial Board mehrerer Fachzeitschriften. Über seine Arbeiten wird in den internationalen und nationalen Medien berichtet (z. B. Berichte/Artikel in New York Times, Forbes, Spiegel, Die Zeit, FAZ, SZ, ARD, ZDF, Arte, CNN, etc.).

Folgende weitere populärwissenschaftliche Bücher sind von Christian Montag erhältlich:

Montag, C. (2018). Homo Digitalis. Springer.

Montag, C. (2018). Einführung in die Molekulare Psychologie – Band I und Band II. Springer.

Montag, C. with Davis, K. L. (2020). Animal Emotions. Punctum Books.

Montag, C. (2021). Du gehörst uns! Blessing.

Weitere Informationen auf www.christianmontag.de